JN204453

判例裁決から見る

第2版

加算税の

実務

税理士 佐藤 善恵 著

税務研究会出版局

はしがき（改訂版）

　本書の初版出版後、平成28年度税制改正において、加算税制度の骨格に影響を及ぼすような変更がありました。そこで、その内容を盛り込んだ上で事例を増やして改訂することとしました。

　改正の柱は、以下の２点であり、平成29年１月１日以後に法定申告期限が到来する国税について、新しい制度が適用されています。

① 　更正等を予知しない（いわゆる自発的な）修正申告等に係る加算税の減免措置が見直されたこと。

② 　短期間で無申告や仮装隠蔽が繰り返された場合の加重措置が創設されたこと。

　本書は、判例や裁決をもとに要件の理解を深めて実務にフィードバックすることを目的としていますが、改正項目については、制度の説明や留意点を記載しました。

　今回の改訂版についても、弁護士の菊田雅裕先生から法律家の視点からの貴重なご意見をいただき、大変お世話になりました。また、本書内での相互参照や事例索引の作成等、配慮の行き届いた編集には税務研究会の奥田守様に大変お世話になりました。お二人には、心より感謝申し上げます。

　本書が、引き続き実務に携わる皆様のお役に立てば幸いです。

　平成30年６月

税理士　佐藤善恵

はじめに

　加算税の条文には「正当な理由があると認められるものがある場合」等、どのような事実があればその文言（要件）に該当するのか、通常の言葉の意味だけでは判断がつきにくいものが多くあります。

　税務に携わる専門家が、日常業務で加算税の課税要件を単独で意識する機会は、それほど多くありません。そこで、本書は、加算税に関して議論が生じやすい条文を抽出して分解した上で、論点ごとに事件を整理して紐づけるという形式をとることとしました。こうすることで、例えば、第三者の隠蔽・仮装行為について調査時に見解の相違が生じた場合、本書の同項を参照すれば、類似する事実関係の判例等をたやすく見つけることができます。そして納税者の主張を理論的に組み立てることにも役立つものと思われます。

　さらに、本書は、一般的に基本書といわれる書籍等を参考にして古典的な判決を取り上げるだけでなく、比較的新しい事例や、最近入手された非公表裁決をも掲載していますから、争訟の世界における最近の傾向を掴むことができます。

　なお、判決文については読みやすさを追求する観点から、意味内容を変更しない限度において要約した箇所があります。加算税が問題となるケースでは、特に事実関係が重要ですから、類似する事例を見つけた場合は、本書の要旨を参考にしながら、判決等の原文にもあたることもお勧めします。本書が、辞書のように実務に携わる皆様のお手元に置かれて、お役に立つことができれば幸いです。

　最後に、本書の刊行に際しましては、私が大阪国税不服審判所で勤務しておりました際に、福岡・東京で同じく国税審判官を務めておられました弁護士の菊田雅裕先生にご協力頂き、多くの適確なコメントをいただきましたことを、ここに感謝申しあげます。ただし、内容に誤りがあるとすれば、その責任は私にあることは言うまでもありません。

　平成27年3月

税理士　佐藤善恵

目　次

4 　通則法65条5項　*39*

5 財産債務調書及び国外財産調書に係る 加算税の加重と軽減　66

6 過少申告加算税の税率と計算例　68

第 **2** 章

国税通則法66条《無申告加算税》

1 通則法66条各項の関係　74

2 通則法66条1項　77

【1】 期限後申告書　　　　78

【2】 正当な理由　　　　80

3 **通則法66条4項** *92*

4 **通則法66条6項** *95*

【1】 国税についての調査 ──────────────────────── 96

5 **通則法66条7項** *103*

6 **無申告加算税の税率と計算例** *105*

凡例

本書で使用した主な略語等は以下のとおりです。

通則法	＝	国税通則法
国通令	＝	国税通則施行令
2③四	＝	2条3項4号
審判所	＝	国税不服審判所
請求人	＝	審査請求人

加算税について納税者の主張が認められた事例　　　　＝　☐○

加算税について納税者の主張が認められなかった事例　＝　☒

（※）　加算税又は重加算税以外の争点に関する判断は、
　　　☐○ ☒ の表記に反映していません。

第1章

国税通則法65条

《過少申告加算税》

通則法65条（過少申告加算税）概説

　通則法65条は、過少申告加算税に関する規定です。

　1項は、過少申告加算税の課税要件と税額の計算について、2項及び3項は、申告漏れが大きかった場合、一定金額以上の部分について税額を5％加重する旨を規定しています。また、4項は、過少申告加算税の要件を満たす場合であっても、正当な理由に係る部分は加算税を課さない旨（1号）、および減額更正後に増額更正があった場合、当初申告に係る部分については、加算税を課さない旨（2号）を規定しています。そして、5項は、修正申告書の提出が更正[*1]を予知してされたものでなく（以下、「自発的修正申告」といいます。）、かつ調査通知[*2]前である場合には過少申告加算税を課さない旨を規定しています。

　平成28年度税制改正前は、過少申告加算税の基本税率は10％のみで（旧1項）、自発的修正申告の場合には過少申告加算税を課さないという規定でした（旧5項）。しかし、現在の基本税率は、原則を10％としつつ、例外的に、自発的修正申告の場合には5％の税率で過少申告加算税を課す旨の規定となっています（1項）。その上で、その自発的修正申告が調査通知よりも前にされたものであるときは、過少申告加算税を免除する旨が規定されています（5項）。

（*1）　更正
　　「税務署長は、納税申告書の提出があつた場合において、その納税申告書に記載された課税標準等又は税額等の計算が国税に関する法律の規定に従つていなかつたとき、その他当該課税標準等又は税額等がその調査したところと異なるときは、その調査により、当該申告書に係る課税標準等又は税額等を更正する。」（通則法24）

　　この処分のことを更正処分といいます。納付すべき税額を増加させる更正を増額更正、減少させる更正を減額更正といいます。

（＊2）　調査通知

　　平成28年度税制改正で新たに設けられた概念で、事前通知項目のうちの「実地調査する旨、税目、期間」の通知のことをいいます。

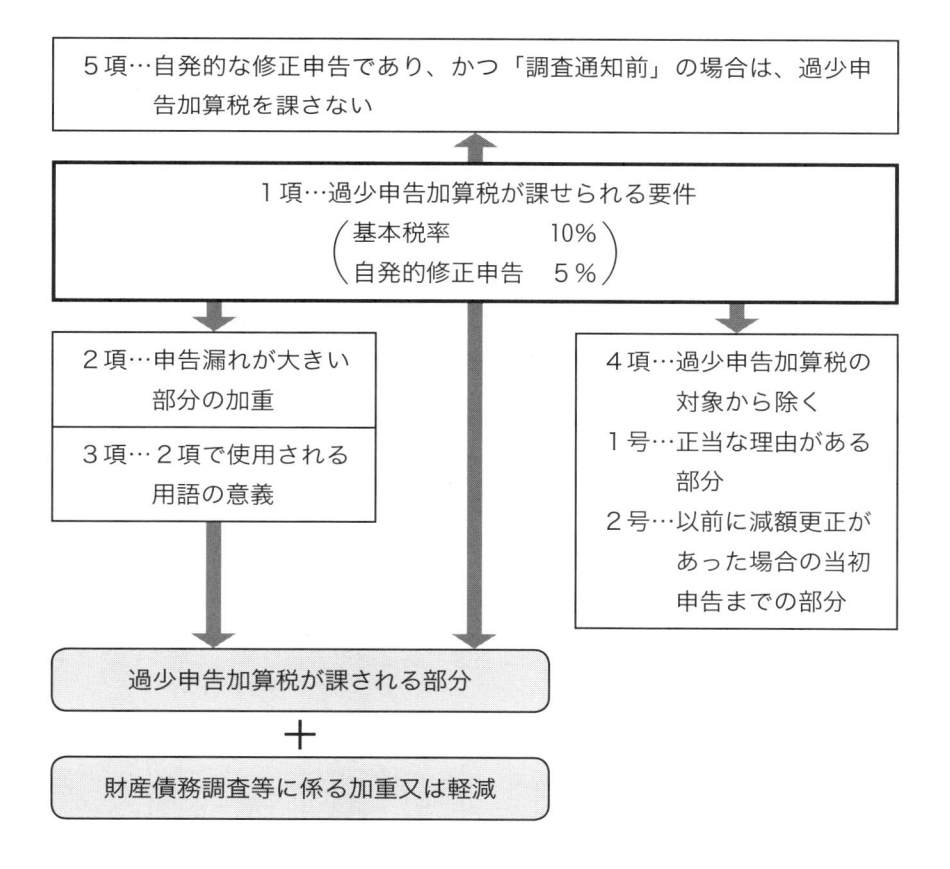

5項…自発的な修正申告であり、かつ「調査通知前」の場合は、過少申告加算税を課さない

1項…過少申告加算税が課せられる要件
$$\begin{pmatrix} 基本税率 & 10\% \\ 自発的修正申告 & 5\% \end{pmatrix}$$

2項…申告漏れが大きい部分の加重

3項…2項で使用される用語の意義

4項…過少申告加算税の対象から除く
1号…正当な理由がある部分
2号…以前に減額更正があった場合の当初申告までの部分

過少申告加算税が課される部分

＋

財産債務調査等に係る加重又は軽減

2　通則法65条1項

要件	期限内申告書 [1]（還付請求申告書 (注1) を含む。第3項において同じ。）が提出された場合（期限後申告書が提出された場合において、次条第1項ただし書又は第7項の規定の適用があるとき (注2) を含む。）において、
	修正申告書の提出又は更正があつたときは、
効果	当該納税者に対し、
	その修正申告又は更正に基づき第35条第2項（期限後申告等による納付）の規定により納付すべき税額 [2] に100分の10の割合（修正申告書の提出が、その申告に係る国税についての調査があつたことにより当該国税について更正があるべきことを予知してされたものでないときは、100分の5の割合 (注3)）を乗じて計算した金額に相当する過少申告加算税を課する。

（注1）　還付請求申告書

　　還付金の還付を受けるための申告書で期限内申告書以外のものをいいます（通則法61①二、通令26）。

（注2）

　　当初申告が期限後申告の場合であっても、期限後申告となったことについて正当な理由があった場合（通則法66①ただし書）や期限内申告書を提出する意思があったと認められる一定のもの（通則法66⑦）については、無申告加算税ではなく本条項が適用（過少申告加算税）となります。

（注3）

　　改正前の条文には、この括弧書きはありませんでした。

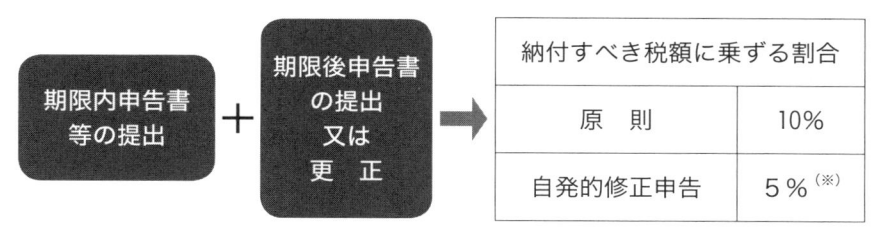

（※）　調査通知前の自発的修正申告は０％（５項（P39））。

【1】　期限内申告書

〔ポイント〕

　通則法65条は、「期限内申告書」が提出されることを課税要件の一つ
としていますから、「期限内申告書」が提出されていない（無申告である）
場合には、過少申告加算税の課税要件を満たさず、無申告加算税が課さ
れることになります。しかし、無申告加算税が課される（決定処分がさ
れる）べきところに、課税庁が誤って過少申告加算税を課した（更正処
分をした）ケースでは、処分は適法とされています（事例１、事例２）。

《事例１》　過少申告加算税も無申告加算税も本質に
変わりがないと判示した事例　　　　　　　　　✕　〔確定〕

（大阪地裁平成元年５月25日　税資170号462頁）

　この事件の納税者は、無申告であったから本来であれば決定処分をな
すべきところを、誤って更正通知書で更正処分がなされたため処分が違
法である旨主張していました。裁判所は、「更正処分も決定処分も、と
もに課税庁が国税に関する法律により客観的に定まる課税標準及び納付
すべき税額を確認することを主たる内容とする点でその本質を同じく
し、本件の場合には、更正処分でも決定処分でもその納付すべき税額に

は変わりがない。また、過少申告も無申告も、ともに申告義務違背であって、いずれに対する加算税もその本質に変わりはないし、過少申告加算税額が無申告加算税額に比して低額であることは明らかである。したがつて、無申告の場合に誤って更正処分及び過少申告加算税の賦課決定処分をしたからといって、これにより納税者が不利益を受けるものではなく、……更正処分等が取消しうべき瑕疵をおびることはな（い）」と判示しています。

《事例２》　決定処分をすべきところを、誤って更正処分をしたが 適法とされた事例　　　　　　　　　　　　　　　　 ✕

（大阪地裁昭和58年８月26日　判夕511号187頁）

　本件は推計事案であり、大衆酒場等を営む原告（甲）が妻名義で確定申告をしていたところ、その申告について、総所得金額及び税額を零とする減額更正処分がされた上で、甲に対して所得税の決定処分ではなく、更正処分がされたものです。

　裁判所は、処分を適法と判断しました。

【２】　納付すべき税額

〔ポイント〕

　通則法65条は、「納付すべき税額」を基礎として過少申告加算税を課すと規定しています。この文言のみを忠実に考えると、還付申告において、還付金の額が減少する場合や、そもそも納税義務がない者には「納付すべき税額」が存在せず、過少申告加算税を課すことができないと解することになりそうです。

　しかし、裁判所は、消費税の納税義務がない者が課税事業者選択届出

書を提出して還付申告をした場合や（事例３）、還付金の額が減少する
場合にも（事例４）、過少申告加算税は課せられると判断しています。

《事例３》　消費税課税事業者を選択した者の還付申告は
過少申告加算税の対象となるとした事例

（福岡地裁平成７年９月27日　税資213号728頁）

〔事件の概要〕

　本件の納税者は、消費税の課税売上が零円で課税売上割合が０％で
あるにもかかわらず、調整対象固定資産の仕入れに係る消費税額を全
額控除して還付申告をしました。課税庁は、この還付申告に対して還
付金額を減少させる内容の更正処分をした上で過少申告加算税を課し
ました。

　甲は、課税資産の譲渡がなく消費税の納税義務がなかったのだから、
還付金額の減少に対応する消費税額はないということ、また、更正処
分によって還付請求が否定されただけで、消費税につき「納付すべき
税額」が新たに発生するものではないから、通則法65条１項の「納付
すべき税額」は存在しないと主張しました。しかし、裁判所はこれら
の主張を認めませんでした。

判断等の 要旨	国税通則法35条２項２号、28条２項３号ロは、還付金が「国税に関する法律の規定による国税の還付金」であり（同法２条６号）、これに対応する国税の存在が予定されているところから、「還付金の額に相当する税額」の減少分を「納付すべき税額」としているのであって、この場合の「還付金の額に相当する税額」は、還付を受ける者を納税義務者とする税に係る場合が通常であるとして

も、同条の趣旨からすると必ずしも右の場合に限定されると解する必要はない。そして、法は、課税仕入れ等に係る消費税額の控除を認め（30条１項）、それが当該課税期間の課税資産の譲渡に係る消費税額を越える場合には、申告によりその控除不足分に相当する消費税を還付することを認めているが（52条１項）、その還付を受ける者は右課税仕入等をした事業者であって、同税の納税義務者ではないところ、右還付申告が過大であった場合には、税務署長が更正により還付申告をした事業者に過大分の金額の納付を求めるべきことは当然であって、法が消費税の納税義務を負わない者に対して同税の還付を認めた以上、同じく同税の納税義務を負わない者に対して更正により、実質的には右還付金の返還であるところの減少した還付金に相当する同税額の納付を求めることは、法が当然に許容し、予定しているものと解すべきである。

　国税通則法65条１項は、還付請求申告書が提出された場合において更正があったときは所定の計算方法による過少申告加算税を課すべきことを定めており、現実に右還付請求申告書のとおりの還付がなされたか否かを区別していない。
　……以上により、過大な還付請求が申告された場合に、現実に還付金の交付がなされなかったとしても、過少申告加算税を賦課することは相当であり、甲の主張は採用できない。

上　訴	控訴
審　級	控訴審、福岡高裁平成８年７月17日〔上告〕 上告審、最高裁平成11年６月24日〔上告棄却、確定〕

コラム

　消費税については、不正還付事案が後を絶たないことから、不正な還付請求（未遂）についても罰則規定があります。

　消費税法第64条《罰則》は、従来から、国内取引では偽りその他不正の行為により税を「免れた者」（既遂）を、そして、輸入貨物の引取りでは税を「免れようとした者」（未遂）（消法64①一）を罰則対象としていました。また、不正に「還付を受けた者」（既遂）についても罰則対象でした（同条①二）。

　その上で、平成23年度税制改正において、不正還付の未遂についても罰則規定が創設されました（同条②）。

　これらの罰則については、基本的には、10年以下の懲役若しくは1,000万円以下の罰金又はこれらの併科とされています。さらに、平成30年度税制改正において、金の密輸に対応するための措置として、輸入に係る消費税の脱税については、罰金の上限が引き上げられました（同条④）。

　なお、故意の申告書不提出については、5年以下の懲役若しくは500万円以下の罰金若しくは併科とされています（同条⑤）。

《事例４》　修正申告により還付金の額が減少する場合も過少申告加算税の対象となるとした事例　　×〔控訴審で確定〕

（水戸地裁平成８年２月28日　訟務月報43巻５号1376頁）

　本件では、破産会社のした修正申告によって還付金の額に相当する税額が減少したときに、過少申告加算税の対象となるのかが問題となりました。

　裁判所は、還付金の額に相当する税額が減少する場合についても、その減少部分の金額は過少申告加算税の対象となると判断しました。

3　通則法65条４項

要件	次の各号に掲げる場合には、		
	1号　第１項又は第２項に規定する納付すべき税額の計算の基礎となつた事実のうちにその修正申告又は更正前の税額（還付金の額に相当する税額を含む。）の計算の基礎とされていなかつたことについて正当な理由があると認められるものがある場合		その正当な理由があると認められる事実に基づく税額
	2号　第１項の修正申告又は更正前に当該修正申告又は更正に係る国税について期限内申告書の提出により納付すべき税額を減少させる更正その他これに類するものとして政令で定める更正（更正の請求に基づく更正を除く。）があつた場合		当該期限内申告書に係る税額（還付金の額に相当する税額を含む。）に達するまでの税額
効果	第１項又は第２項に規定する納付すべき税額から当該各号に定める税額として政令で定めるところにより計算した金額を控除して、これらの項の規定を適用する。		

過少申告加算税の対象となる増差税額（1項・2項）		過少申告加算税が課せられる
	4項　1号　2号	＞過少申告加算税を課さない

　2号は、平成28年度税制改正で加えられた規定で、改正前は、同様の取扱いが通達に定められていました。これは、減額更正後の増額更正の際の延滞税の除算期間を巡る最高裁判決（＊）を機に延滞税の計算期間の特例が新設されたことに併せて明文化されたものです。

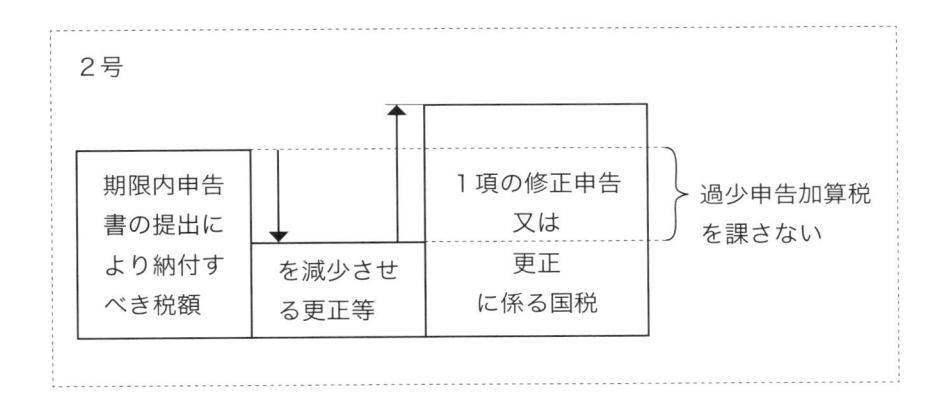

（＊）　最高裁平成26年12月12日（集民248号165頁）
　　　相続税につき減額更正がされた後に増額更正がされた場合において、上記増額更正により新たに納付すべきこととなった税額に係る部分について上記相続税の法定納期限の翌日からその新たに納付すべきこととなった税額の納期限までの期間に係る延滞税が発生しないとされた事例

【1】　正当な理由

〔概説〕

　最高裁は、通則法65条4項の「正当な理由」に関して、『「真に納税者の責めに帰することのできない客観的事情」がある上で「過少申告加算税の趣旨に照らしても、なお、納税者に過少申告加算税を賦課することが不当又は酷になる場合」に該当するか』という解釈を示しており（注1）、

多くの判決や裁決はこの解釈を引用しています。

　また、実務上は、判例等の積重ねを反映した、いわゆる「加算税通達」（巻末）が税目ごとに「正当な理由」に当たる場合を示しています[注2]。

　正当な理由については、事例を①税法解釈の疑義に関するもの、②事実関係の不知・誤認に関するもの、③税務官庁の対応に関するものに分類して説明を試みる学説もあります（品川）。そこで、本書においても、(i)税法解釈、(ii)事実関係の不知や誤認等、(iii)税務官庁の対応に整理して事例を紹介します。

　なお、青色申告が取り消されたことの影響で増加する課税所得（いわゆる「青色申告取消益」）に「正当な理由」が認められるか否かの論点について[注3]、所得税過少申告等通達（第1の1(3)）は、正当な理由が認められると明確化しましたので、実務上、この点が問題となる可能性は相当に低いと思われます。

（注1）　過少申告加算税の趣旨と「正当な理由」の判断基準
　　　最高裁平成17年（行ヒ）第9号、平成18年4月20日第一小法廷判決・民集60巻4号1611頁、最高裁平成16年（行ヒ）第86号、第87号同18年4月25日第三小法廷判決・民集60巻4号1728頁

趣　旨	過少申告加算税は、過少申告による納税義務違反の事実があれば、原則としてその違反者に対して課されるものであり、これによって、当初から適正に申告し納税した納税者との間の客観的不公平の実質的な是正を図るとともに、過少申告による納税義務違反の発生を防止し、適正な申告納税の実現を図り、もって納税の実を挙げようとする行政上の措置である。
判断基準	この趣旨に照らせば、過少申告があっても例外的に過少申告加算税が課されない場合として国税通則法65条4項が定めた「正当な理由があると認められる」場合とは、真に納税者の責めに帰することのできない客観的な事情があり、上記のような

> 過少申告加算税の趣旨に照らしてもなお納税者に過少申告加算税を賦課することが不当又は酷になる場合をいうものと解するのが相当である。

(注2)　加算税通達が示す「正当な理由」の例
- 所得税過少申告等通達　第1の1
- 法人税過少申告等通達　第1の1
- 相続税過少申告等通達　第1の1
- 消費税加算税通達　第2のⅡの1

(注3)　青色申告取消益に関する判示
　　学説は、岡山地裁平成6年3月10日（税資200号900頁〔上告棄却で確定〕）を、青色申告取消益について、「正当な理由」に当たるとの見解を示した事例としています。他方で、東京高裁平成3年10月30日（税資186号1243頁）等は、「正当な理由」を認めなかった事例としています。

(i)　税法解釈（不確定な解釈、税法の不知や誤解等）

〔ポイント〕

　曖昧な税法上の取扱いを通達が明確化した場合において、納税者が従前の取扱いや相応の論拠がある見解に基づいて申告しているときは、申告時に通達が出ていたかどうかや（事例5）、取扱い内容が周知されていたか否かで判断する事例がある一方で（事例6）、納税者に通達の内容を知り得る特段の事情があったことを重視した事例もあります（事例7）。また、係争事業年度中に通達が出されたケースでも、「正当な理由」を認める事例があります（事例8）。

　そして、遺産に関して係争中であること等を理由に相続財産に含めないことには、一般的には正当な理由が認められませんが（事例9、事例10）、被相続人の課税処分取消訴訟に係る還付金の請求権を相続財産に含めなかったことを争ったケースでは、正当な理由が認められました（事例11）。

　なお、誤って発行された証明書に基づき特例適用の申告をしたケースでは、「正当な理由」は認められず（事例12）、制度が複雑難解であることを主張したケースや（事例13）、税務署長の指導に応じず自らの見解に固執したケースについても（事例14）、正当な理由は認められていません。

《事例５》　通達が出される前の申告に認められた「正当な理由」

〇 → × → 〇 〔原判決一部破棄自判〕

（最高裁平成18年10月24日　税資256号順号10548）

〔事件の概要〕

　本件は、外国法人である親会社から日本法人である子会社の従業員（甲）に付与されたストック・オプションの権利行使益（以下「権利行使益」）の扱いが問題となった事例です。甲は、通達等で権利行使益の取扱いが明示されていなかった状況において、それを給与所得ではなく、従前の取扱い（一時所得）で申告したところ、過少申告加算税が課されました。

　なお、本件では、第一審と控訴審で判断が分かれており、最終的に、最高裁は、「正当な理由」を認める判断を下しました。

事実関係等	甲は、平成12年分及び平成13年分の申告書を各平成13年３月10日及び平成14年３月11日に提出している。
判断の要旨	……前記事実関係等によれば、課税庁は、上記のとおり課税上の取扱いを変更したにもかかわらず、その変更をした時点では通達によりこれを明示することなく、平成14年６月の所得税基本通達の改正によって初めて変更

後の取扱いを通達に明記したというのである。そうであるとすれば、少なくともそれまでの間は、納税者において、外国法人である親会社から日本法人である子会社の従業員等に付与されたストック・オプションの権利行使益が一時所得に当たるものと解し、その見解に従って上記権利行使益を一時所得として申告したとしても、それには無理からぬ面があり、それをもって納税者の主観的な事情に基づく単なる法律解釈の誤りにすぎないものということはできない。

　以上のような事情の下においては、甲が本件各申告に先立ち税務職員からストック・オプションの権利行使益が給与所得に当たる旨の指摘を受けていたことなど原審が適法に確定した事実関係を考慮しても、本件各申告において、甲が本件権利行使益を一時所得として申告し、本件権利行使益が給与所得に当たるものとしては税額の計算の基礎とされていなかったことについて、真に甲の責めに帰することのできない客観的な事情があり、過少申告加算税の趣旨に照らしてもなお甲に過少申告加算税を賦課することは不当又は酷になるというのが相当であるから、国税通則法65条4項にいう「正当な理由」があるものというべきである。

| 審　級 | 第一審、東京地裁平成16年8月24日
　　　　　　　　　　　〔（一時所得として）認容、控訴〕
控訴審、東京高裁平成18年2月22日〔原判決取消・棄却〕 |

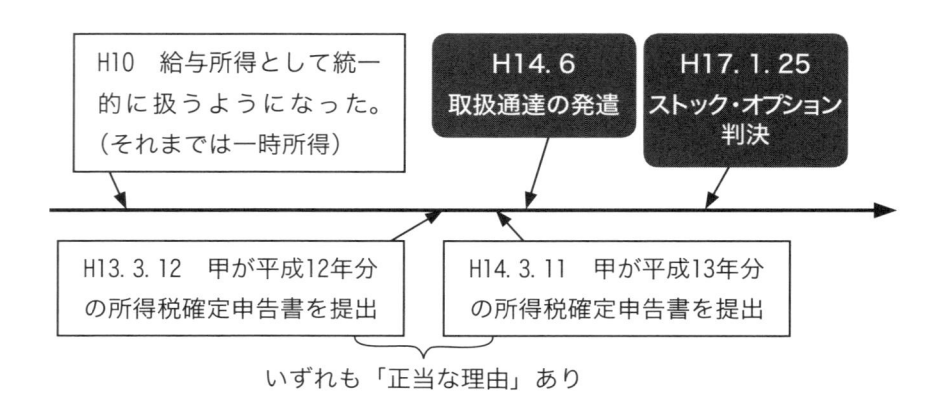

いずれも「正当な理由」あり

《事例６》 取扱いの周知・定着の措置が講じられる以前の申告に 「正当な理由」を認めた事例 ○ × 〔上告不受理で確定〕

（東京高裁平成19年４月25日判決 税資257号順号10702）

　本件も事例５と同様に、ストック・オプションの権利行使益を一時所得として申告していた事例で、複数年分（平成11年分から平成14年分）の所得税について争われました。

　裁判所は、平成11年分から平成13年分の権利行使益を一時所得として申告したことについては「正当な理由」があると判断しましたが、平成14年分の申告については、課税庁は通達で取扱いを明示した上で周知定着するよう必要な措置を講じているから「正当な理由」があるとはいえないと判断しました。

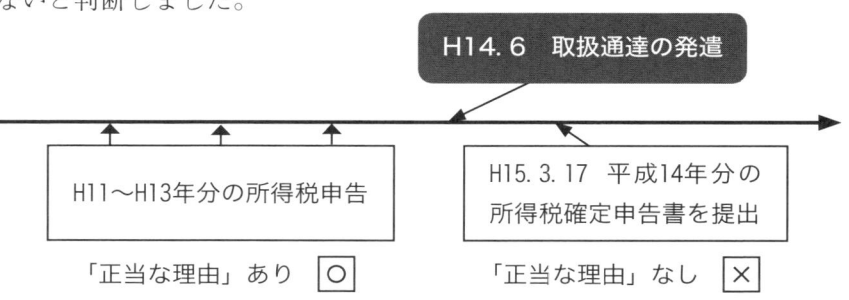

《事例7》　通達が出る前にその内容を知りうる特段の事情 があったとした事例　　　　　　　　　　　　☒〔確定〕

（高松地裁平成7年4月25日判決　訟月42巻2号370頁）

　本件は、保険代理業等を営んでいた原告（甲）が、新たに発売された介護費用保険に係る保険料を全額損金に算入して法人税の申告をしたことに対して、課税庁が保険料の一部の損金算入を否認して更正処分をするとともに過少申告加算税を課した事例です。

　甲が申告書を提出したのが平成2年1月31日であったのに対して、この介護費用保険の取扱いを示した通達（本件通達）は、平成元年12月16日付で出されていました。このような状況で、甲は、本件通達が早く出されていれば解釈上の混乱が回避できたはずである等と「正当な理由」を主張しましたが、裁判所は、甲が代理店等の業務を行っていた保険会社から、本件通達（案）を解説した機関誌が確定申告までに甲に配布されていたと推認しました。その上で、甲は確定申告期限までに、保険会社の機関紙という極めて確度の高い情報により、本件通達の内容を十分知り得た可能性が高く、本件通達に基づいて会計処理をすることができたものというべきであり、甲の行った確定申告は独自の見解に基づくものというほかないとして、甲の主張を排斥しました。

《事例8》　従前は課税対象ではなかった株主優待金に関して 「正当な理由」があるとした事例　　　　　　☐〇

（名古屋地裁昭和37年12月8日　行例集13巻12号2229頁）

〔事件の概要〕

　本件における納税者（甲）は、株主のみに融資する貸金業（いわゆる株主相互金融）を業とする株式会社であり、甲が支払った株主優待金が法人税の計算上損金算入されるか否かが争いとなっていました。

　甲は、当該優待金は商法上利益配当と解し得ないことから税法上も利益配当と解すべきでない旨主張した上で、過少申告加算税については、従来から株主優待金は課税対象とされていなかったところに、突如課税するとの通達が発遣された等として正当な事由（理由）がある旨を主張しました。

　裁判所は、損金算入は否定しました（本税に関する甲の主張は認めませんでした）が、過少申告加算税については、正当な理由があるとして取り消す判断を下しました。

判断の要旨	いわゆる株主相互金融業における株主優待金を法人所得計算上損金とすべきか否かについては税務当局においても昭和28年３月３日附通達によりこれを<u>配当と解するものとされる迄は取扱いが確定しておらず、これを課税対象としていなかつたことは被告の明らかに争わないところであり</u>、また成立に争いのない証拠によれば、一般的にもこれを損金と解する傾向にあつたものと認められ、右の事実によれば、甲が本件株主優待金を損金に計上しそれに基く税額を確定申告したことについては正当な事由があつたと認めるのが相当である。
上　　訴	なし〔確定〕

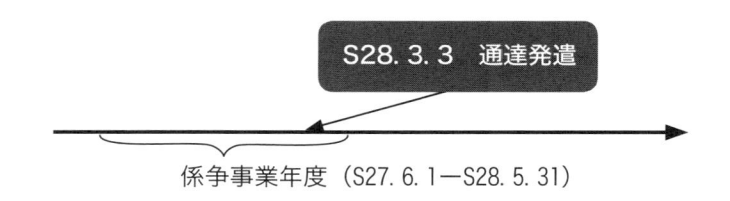

S28.3.3　通達発遣

係争事業年度（S27.6.1－S28.5.31）

《事例９》　所有権の帰属で係争中の不動産を相続財産に含めなかった ことは「正当な理由」に当たらないとした事例　☒

（東京地裁平成７年３月28日　訟務月報47巻５号1207頁）

〔事件の概要〕

　本件では、被相続人の生前、同人の不動産（本件財産）の所有権を巡る訴訟があり、その係争中に相続が開始しました。相続人ら（甲ら）は、本件財産を相続財産に含めずに相続税の申告をしたことから過少申告となって加算税が課せられました。

　甲らは、本件財産を相続財産に含めなかったことについては「正当な理由」があると主張しましたが、認められませんでした。

判断の要旨	……本件不動産は、相続税法２条１項にいう「相続又は遺贈に因り取得した財産」に該当するものと認められるから、甲らはこれを申告すべきであったところ、たとえ、甲らが、本件不動産は、所有権の帰属について別件訴訟で係争中であるから、それを申告すべき義務を負わないものと誤解したとしても、そのような事情は、甲らが法令解釈を誤解したことによるものにすぎず、右事情をもって通則法65条４項にいう「正当な理由」に当たるということはできないというべきである。
審　　級	控訴審、東京高裁平成７年11月27日〔棄却、上告〕 上告審、最高裁平成11年６月10日〔棄却、確定〕

《参考》

　本事件の最高裁判決は、相続財産の帰属に争いがあったために申告に含めなかった場合における「正当な理由」について、「相続財産に属する特定の財産を計算の基礎としない相続税の期限内申告書が提出された後に当該財産を計算の基

礎とする修正申告書が提出された場合において、**当該財産が相続財産に属さないか又は属する可能性が小さいことを客観的に裏付けるに足りる事実を認識して期限内申告書を提出したことを納税者が主張立証したときは**、国税通則法65条４項にいう「正当な理由」があるものとして、同項の規定が適用されるものと解すべきである。」と述べています。したがって、所有権の帰属につき係争中であっても、一定の証拠がある場合には「正当な理由」が認められる余地があります。

《事例10》　遺産かどうか係争中の財産を除いて申告をしたものの「正当な理由」が認められなかった事例　☒

（大阪地裁平成５年５月26日判決　税資195号544頁）

　本件の納税者は、主張理由として、①係争中の財産は法律上の帰属が未確定な状態であって、そのような事情は災害などの納税者の責めに帰せられない外的事情と同視しうるということ、②判決が確定するまでは、納税者としては、問題の財産を申告する必要がないと考えるのが通常であるから、申告義務を課すべきではないということ、③税理士のアドバイスによるものである上、申告書に「勝訴確定時に修正申告をする」旨の付記があること、④相続税の調査等で税務署職員と会った際に係争中の財産を含めていないことが過少申告加算税の対象となるとの指摘がなかったことを述べています。しかし、いずれの主張も認められませんでした。

《事例11》　過納金の還付を求める権利を相続財産に含めずに申告したことに「正当な理由」を認めた事例　☑

（国税不服審判所平成17年６月20日裁決　裁決事例集No. 69・217頁）

〔事件の概要〕

　本件は、請求人（甲）が亡母（Ａ）から相続により承継した課税処分取消訴訟の確定に伴う還付金等を相続財産に含めていなかったことについて、更正処分の上、過少申告加算税が課せられた事例です。

　甲は、相続税の課税時期には当該還付金に係る還付請求権は発生していないから相続財産に当たらない旨、仮に相続財産であったとしても、公定力$^{(注)}$を有する所得税更正処分が有効に存続している以上、所得税還付請求権は法的に存在しないために相続財産として申告しなかったのであるから、「正当な理由」がある旨を主張しました。審判所は、本件の還付金は相続財産に該当すると判断した上で、正当な理由を認めて過少申告加算税を取り消しました。

（注）　公定力
　　行政行為が持つ形式的な効力のことで、行政行為は、当然無効と認められない限り、たとえ違法であったとしても、権限のある機関によって取り消されるまでは有効であるということ。

判断の要旨	課税庁は、Aに係る相続税の申告時点において、訴訟を通じて所得税の各更正処分等は適法である、すなわち、甲に対して還付されるべき金額はないと主張していたのであり、このような状態において、課税庁は、甲に対して本件過納金の還付を求める権利を相続財産として申告することを予定しておらず、また、甲においても、本件過納金の還付を求める権利の適正な金額を正確に判断し、申告することは困難であると認められる。 　したがって、上記（法令解釈）のとおり、過少申告加算税は、申告秩序の維持を図るため、適法な申告をしなかった納税者に対して課されるものであることもかんがみれば、上記のような場合は、納税者に対して過少申告加算税を課することは酷となる場合に該当し、通則法第65条第4項に規定する「正当な理由があると認められる場合」と認められる。

《事例12》　誤って発行された証明書に基づき収用交換等の特別控除を適用したことに「正当な理由」を認めなかった事例 ☒

（国税不服審判所平成16年 4 月23日裁決）

　本件は、納税者（甲）が収用交換等に係る譲渡所得等の特別控除の特例（本件特例）の適用をして申告したことについて、課税庁が本件特例の適用はないとして更正処分をした上で、過少申告加算税を課した事例です。

　甲は土木事務所が誤って発行した収用等の証明書等を確定申告書に添付していましたが、誤った証明書を信じて確定申告をしたので「正当な理由」があると主張していました。なお、土木事務所は甲の申告期限までに、当該証明書が誤りであり撤回する旨の通知をした事実が認められています。

　審判所は、本件特例の適用は、公共事業施行者との契約等の事実によって検討すべきであり、証明書をもって本件特例に該当するとの申告をしたことは、甲の法の誤解あるいは判断の誤りである等として、処分は適法であると判断しました。

《事例13》　制度が複雑難解であることは「正当な理由」に当たらないとした事例 ☒

（大阪高裁平成 2 年 2 月28日　税資175号976頁）

　本件は、期限内に所得税の確定申告書を提出した納税者（甲）について、資産所得合算制度（昭和63年まで設けられていた所得税法96条以下。）の適用漏れがあったことから過少申告加算税が課せられた事例です。甲は、税務署職員でも間違うことがあるほど複雑な制度を、素人である甲が判断するのは困難であり、誠実な納税者を加算税から救済すべきである等として「正当な理由」等を主張しましたが、認められませんでした。

《事例14》 自らの見解に固執して税務署長の指導に応じなかった者には「正当な理由」がないとした事例 ×

（福岡地裁平成3年2月28日　税資182号522頁）

　本件は、複数の個人（構成員）が共同して施行している土地区画整理事業について、換地処分による保留地の売却による収入（本件収入）が、各個人の持分に応じて各構成員に帰属するという取扱いのもとで加算税が問題となった事例です。構成員らのうち原告（甲）を除く者は、税務署長の指導に応じて本件収入を計上した修正申告書を提出したために過少申告加算税は課せられませんでした。しかし、甲は税務署長の指導に応じず、更正処分及び過少申告加算税の賦課決定処分を受けたために争いとなりました。

　裁判所は、甲が申告をしなかったのは、法の解釈の相違、誤解によるものであることは明らかである等として「正当な理由」があったとは認められないと結論づけました。

（ⅱ）事実関係の不知や誤認等

〔ポイント〕

　このカテゴリーにおける納税者の主張には、収入の帰属年分が確定していたと考えることは困難であったというもの（事例15）、共同相続人が売買の具体的内容を教えようとしなかったというもの（事例16）などがありますが、いずれも納税者の主観的事情にすぎないとして、「正当な理由」は認められていません。

　なお、正当な理由は、税務調査時ではなく確定申告期限までの事情により判断するとされています（事例17）。

《事例15》　持分譲渡の分配金が売渡し時に確定したと考えることが困難であったとの主張が認められなかった事例 ☒

（東京地裁平成９年１月21日判決　税資222号64頁）

　本件は、原告（甲）らが、相続によって取得した不動産（本件不動産）の共有持分（本件持分）の譲渡をしたことによる所得について、その申告すべき年分が問題となった事例です。

　甲らは、平成元年６月頃までに共同相続人の１人（A）に対して本件持分を譲渡してAから金員を受領していました。そして、Aは、平成元年６月に第三者との間で本件不動産の売買契約を締結しましたが、思ったよりも高く売却できたために甲らに追加金を配分しました。ただし、この追加金の配分は、平成３年になってから行われました。

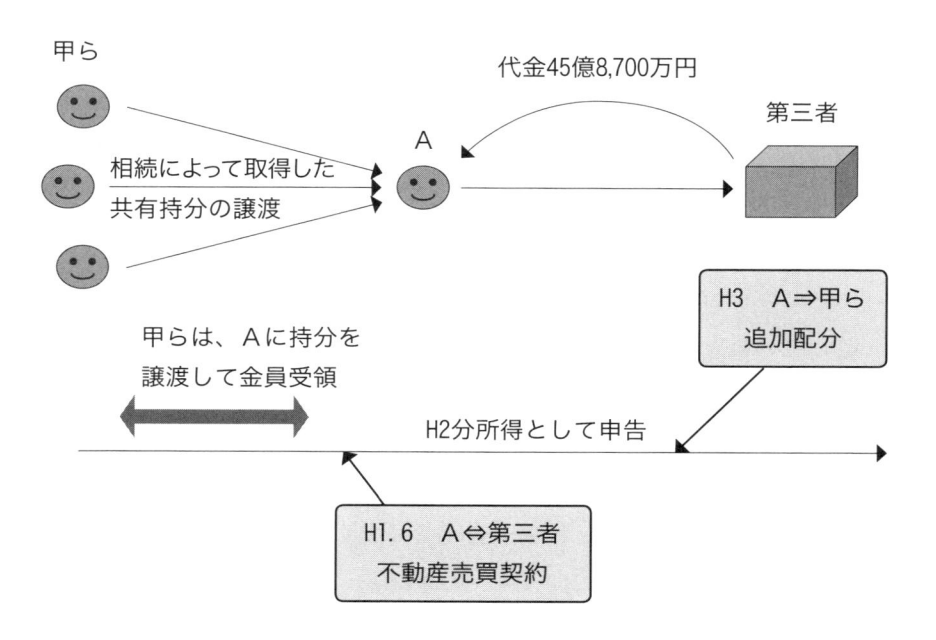

　甲らは、当初に受領した分配金を平成元年分ではなく平成２年分の所

得として申告しました。これについて、課税庁は、契約時である平成元年分の所得であるとして更正処分をするとともに過少申告加算税を課しました。甲らは、それらの処分の取り消しを争い、買手側の事情に鑑み本件不動産の引渡しが完全に完了した平成2年7月頃までは、平成元年に受領した金員が収入として確定したと考えることは困難であった等と「正当な理由」を主張しました。

　しかし、裁判所は「甲らは本件持分を平成元年にAに売却して譲渡所得を得たものであるが、平成元年の受領金についてはもとより、追加金請求権も平成元年に発生している」旨を述べました。そして「平成元年分として期限内申告をすることが困難であったとしても、これを平成元年分とする修正申告又は期限後申告は可能であり、また、すべきであったところ（法19条1項1号）、原告らはこれをしていないのであるから、その主張には理由がない。」旨の判断を下しました。

《事例16》　土地の譲渡について具体的内容を知らされていなかったとの主張が認められなかった事例　☒

（東京地裁平成8年8月29日　20号478頁）

〔事案の概要〕

　本件は、原告（甲）が、相続に係る未分割の土地を平成5年中に譲渡したこと（本件売買）について譲渡所得の申告をしていなかったために、過少申告加算税が課せられた事例です。

　甲は、そもそも譲渡所得の申告義務がなかったと主張し、仮にそうでないとしても、過少申告加算税については「正当な理由」があると主張していました。

　甲は、「正当な理由」として、契約締結日等が空欄の売買契約書等に署名押印をしたのであって売買取引には一切関与しておらず、また、

　売買交渉に当たった共同相続人（Ｘ）が売買の具体的内容を教えよう
としなかったから、確定申告の当時に譲渡所得の申告をすることが著
しく困難であったこと等を主張しました。しかし、甲のこれらの主張
は認められませんでした。

判断の要旨	……甲は、本件売買の契約書に自ら署名押印している のであるから、近く本件売買がされることを十分予期し 得たものであり、しかも、平成５年11月４日ころには、 本件売買があったことを現実に知ったのであるから、Ｘ からその具体的内容を知らされていなかったとしても、 自ら、買主に対して照会するなど積極的に調査を尽くせ ば、申告に必要な代金額等を知り得たものというべきで あって、甲が本件土地の譲渡所得を申告するについて客 観的な障害があったということはできない。結局、甲の 主張は、Ｘの協力が得られず必要な資料が手に入らなかっ たというにすぎず、そのような単なる主観的な事情は法 65条４項の「正当な理由」とならない……。
上　　訴	なし〔確定〕

《事例17》　「正当な理由」は確定申告期限までの事情によるとした事例　☒

（国税不服審判所平成20年６月12日裁決）

〔事案の概要等〕

　本件は、被相続人（Ａ）から納税義務を承継した共同審査請求人[注]（被
相続人の父母、以下「甲ら」という）が、Ａは精神的な病にり患してい
たのであって、税務事務処理及び税務調査への対処、対応を正しく行

える状況にはなかったとして、Aの所得税に係る過少申告加算税等について「正当な理由」を主張した事案です。

　甲らは、Aが税務調査を受けた際には既に判断能力がなかったということを「正当な理由」として主張しましたが、確定申告期限以前にそのような事情は認められないとして排斥されています。

（注）「共同審査請求人」
　　　共同して審査請求をする複数の人のことをいいます。

事実関係の要旨（要約）	・Aは平成15年分から平成17年分の所得税を法定申告期限までに申告しており、平成18年10月17日から開始した税務調査の指摘に基づき、同年11月15日に修正申告書を提出した。 ・Aは税務調査において調査担当職員からの指示にも適切に対応し、聞き取り内容をまとめた聴取書には、加除訂正して署名指印している。 ・甲らは、かねてからAの様子がおかしいと感じ、またAの友人からの連絡もあったので平成18年11月24日にK病院○○科に相談して同科を受診させることとした。 ・Aは病院を受診する前に行方不明となり、警察に保護されて病院に搬送され、そのまま入院した（同年11月28日〜翌年2月27日まで）。 ・K病院○○科の医師は、当審判所の照会に対して、Aのカルテの記載内容や修正申告書等の書面に記載した内容からは、修正申告書が提出された平成18年11月15日の前後においてAが事理を弁識していたか否かを判断するのは困難であると回答している。

判断基準等	……過少申告加算税及び無申告加算税が、いずれも当初から適法に申告し、納税した者との不公平を是正し、適正な申告納税の実現を図り、納税の実を挙げようとする行政上の措置であることからすれば、<u>これらの正当な理由とは、当該加算税に係る本税の確定申告期限までに存在した事情であることが必要であると解するのが相当である。</u>
判断の要旨	（〈筆者要約〉　修正申告書の提出の時点におけるＡの判断能力は、調査時の対応に加えて、Ｋ病院医師の回答なども考慮すると、修正申告書を提出した当時、被相続人のＫ病院入院中にみられた興奮状態や幻聴などの症状により、修正申告の内容を認識し、判断できる能力を欠いていたとまでは認めることはできないことに加え、）確定申告提出の経緯に照らせば、確定申告期限以前においてもＡの判断能力がなかったとは認められないことから、過少申告加算税及び無申告加算税のいずれに関しても申告期限までにおいて請求人の主張する事情はなかったというべきである。

（ⅲ）税務官庁の対応

〔ポイント〕

　「正当な理由」が税務官庁の対応に関するものである場合、信義則[注1]違反を理由として、課税処分そのものが違法であると主張した上で、予備的に「仮に課税処分が適法であったとしても加算税については「正当な理由」がある。」といった主張をするケースが多々あります。

　信義則違反の主張が認められるハードルは相当高いものですが、「正当な理由」については、納税者からの複数回の質問に対して誤った回

答をしたことが過少申告の原因であるとして加算税が取り消されたり（事例18）、申告を扱った税理士が他の顧問先で認められていた処理について加算税が取り消されたりしたケースがあります（事例19）。もっとも、税務署職員の指導懈怠を主張しても、単に納税者が修正申告に応じなかったという事実関係であれば、正当な理由が認められることはありません（事例20）。

なお、「正当な理由」の立証責任^{（注2）}は納税者にあるとされています（東京高裁昭和55年５月27日他）。

また、納税申告は、納税義務者の判断と責任においてすべきものですから、納税相談等を経たことだけで「正当な理由」が認められることはありませんし（事例21、事例22）、税務職員の適切な指摘がなかったといったことも理由とはなりません（事例23）。

なお、納税者が、税務当局の見解を示した解説書の記述と同様の事実であるとの前提で所得を計上しなかったケースでは、高裁は正当な理由を認めましたが、最高裁は解説書とは事案が異なるとして判断を覆しています（事例24）。さらに、当初の税務調査時に指摘がなく後に更正処分がされたケースでは、地裁は正当な理由を認めましたが、高裁は判断を覆しています（事例25）。

（注１）　信義則（信義誠実の原則）

　　　民法１条２項は、「権利の行使及び義務の履行は、信義に従い誠実に行わなければならない。」と規定しています。これは、人は具体的事情の下において相手方から一般に期待される信頼を裏切ることのないように、誠意を持って行動すべきであるという考え方です。

　　　税法に信義則違反の個別規定はありませんが、信義則の考え方は税法の分野にも及ぶことから、これを理由に処分の適法性が争われることがあります。

　　　もっとも、信義則が認められるためには、次の要件のすべてが満たされる必要があるとされています（金子）。

① 租税行政庁が納税者に対して信頼の対象となる公の見解を表示したこと。
② 納税者の信頼が保護に値する場合であること。
③ 納税者が表示を信頼しそれに基づいてなんらかの行為をしたこと。

（注２）「正当な理由」の立証責任

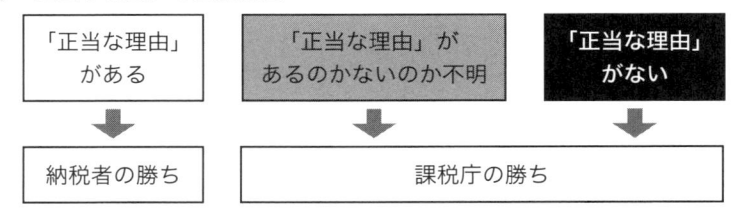

当事者が自分に有利な要件事実を立証できなかった場合、その事実は存在しなかったという扱いを受けることを「立証責任を負っている」と言います。

例えば、Aという事実が「ある」と原処分庁が主張し、「ない」と納税者が主張しているとしましょう。双方がそれぞれ、自らの主張を認めてもらうために立証活動を行うわけですが、双方の証拠を見ても結局、Aの事実の有無が真偽不明（「ある」のか「ない」のかわからない。）ということがあります。このような場合にも「ある」のか「ない」のかを決めないと結論を出せませんので、技術的に「真偽不明の場合はAの事実はある（ない）」という取扱いをするのです。

立証責任をどちらが負うのかという論点についてはここで触れませんが、「正当な理由」については、納税者に立証責任があると考えられています。つまり「正当な理由」に関する判断において課税要件事実が真偽不明の状態になった場合は、「原処分庁の勝ち」ということになります。納税者としては、「正当な理由が認められる。」という心証を裁判官に与えるような立証に成功しない限り、主張は認められないということです。なお、審査請求は裁判と異なり職権主義ですので、納税者自らの立証活動に加えて、国税審判官の調査により証拠が収集されることになります。

《事例18》　税務署職員の誤回答に「正当な理由」を認めた事例

（那覇地裁平成８年４月２日　税資216号１頁）

〔事件の概要〕

本件の納税者（甲）は、税務署の職員に株式売買に係る所得税の申告について複数回相談したにもかかわらず説明が誤っていたとして、

信義則違反による処分の取消しを求め、さらに、「正当な理由」による過少申告加算税の賦課決定処分の取消しを求めました。

　裁判所は、信義則が適用される特別の事情は認められないとして本税の更正処分は取り消しませんでしたが、過少申告加算税については、以下の理由により処分を取り消しました。

判断の要旨	本件で甲が株式売買による収入を所得として申告しなかったのは、甲が故意にこれを隠したものではなく、前記で認定したように、甲の三回にわたる問い合わせに対して、各税務署職員が、前記したように税務官庁の公的見解とはいえないとしても、いずれも誤った回答をしたことにその原因がある。 　とするならば、前記した過少申告加算税の趣旨からすれば、本件において、甲にこれを課すのは酷に過ぎ、相当でない。
上　　訴	なし〔確定〕

《事例19》　税理士が他の顧問先で同様の処理を認められていたことを踏まえ「正当な理由」があるとされた事例　　○　〔非公表裁決〕

（国税不服審判所昭和57年2月17日裁決　TAINS　J23-1-02）

　本件は、納税者が相続により取得した不動産の登録免許税を、不動産所得の金額の計算上控除できるのかが問題となった事例です。

　審判所は、登録免許税は必要経費に算入することはできないと判断した上で、過少申告加算税については、申告を取り扱った税理士が、従前に⑴他の顧問先について同様の処理を求める趣旨の更正の請求をしたところ、それを認める更正がされていたこと、⑵他の複数の顧問先について、同様の処理に基づく申告書を提出したが課税庁はそれについて是正

又は指導等を行っていなかったことから、税理士が登録免許税等を必要経費に算入できるとの指導を納税者にしていたこと等の事情を認め、それらの事情は「正当な理由」に当たると判断しました。

《事例20》　税務署職員の指導懈怠を主張したものの、そのような事実は認められないとした事例　　☒〔控訴審で確定〕

（大分地裁平成10年12月22日　税資239号618頁）

　本件は、訴外Ｘ社から原材料の支給を受けて加工してＸ社に納入する取引をしている原告（甲）が、納入した製品の対価全体が資産の譲渡等に当たるにも関わらず、製品代と支給材代の差額（加工賃等）を課税売上としていたために消費税が過少申告となって加算税が課せられた事例です。

　裁判所は、税務署職員が本件の取引について課税売上に該当する旨の指導を怠ったことを認めるに足りる証拠はないとしました。さらに、調査担当者が、税務調査において消費税の課税標準の捉え方に疑問がある旨を甲に説明した上で、反面調査の結果に基づき過少申告であると判断して甲に対して修正申告の指導をしているという事情を踏まえて、甲は自己の見解に固執して修正申告に応じなかったものであるとして、「正当な理由」を認めませんでした。

《事例21》　税務署職員の指導は受けたが納税者は自己の判断と責任において申告をしたと認めた事例　　☒〔確定〕

（高松地裁平成19年12月5日判決　税資257号順号10843）

　本件の納税者（甲）は、税務相談において誤指導があった旨主張しましたが、裁判所は、「税務署の納税相談は、相談者に対する行政サービスとして納税申告をする際の参考とするために、税務署の一応の判断を

示すものにすぎず、最終的にいかなる納税申告をすべきかは納税義務者の判断と責任に任されている。」とし、本件において甲は自らの判断と責任において申告をしたと認めました。また、過少申告となった原因は、甲が土地の評価倍率に関する情報を適切に提供しなかったためであることを指摘し、甲の主張を排斥しました。

《事例22》 特別の事情がない限り、納税者は事前相談を経たことを理由に納税義務者としての責任を免れることはできないとした事例

$\boxed{\times}$ 〔控訴審で確定〕

（岡山地裁平成8年9月17日　税資220号761頁）

　本件は、原告（甲）が、相続税の申告に先立ち、税務署職員に、株式等は自らの固有財産で遺産ではない等の相談を持ちかけ、税務署職員からは、その裏付けとなる書類を添付する必要があるとの示唆を受けたにも関わらず、当該株式等を遺産に含めずに申告をして過少申告となり、加算税が課せられた事例です。甲は、税務署職員の誤った指導により申告したことが「正当な理由」に当たると主張しましたが、認められませんでした。

《事例23》 確定申告は納税者が自らの判断と責任において納税額を確定させる行為であるとして「正当な理由」を認めなかった事例

$\boxed{\times}$ 〔上告審で確定〕

（東京地裁平成6年1月28日判決　税資200号430頁）

　本件は、納税者（甲）が、（顧問税理士が）特例の適用可否に関してお伺い文書を税務署に提出していたにも関わらず、その特例の適用はできない旨の指摘がなかったことについて「正当な理由」を主張した事例です。

　裁判所は、甲が担当職員に対し申告内容について相談したとしても、

それは事実上のものにすぎないというべきであり、それによって甲が特例の適用ができると誤解したとしても、そのような事情は「正当な理由」には当たらないと判断しました。

《事例24》　税務当局の見解を反映した解説書だと理解して所得を計上しなかったことに「正当な理由」を認めた原審は是認できないとした事例　　☒〔破棄自判〕

（最高裁平成16年7月20日　最判集民214号1071頁　平和事件）

　本件は、代表者（甲）から同族会社への無利息貸付けについて同族会社等の行為計算否認に関する規定（所法157①）が適用され、当該貸付けに係る利息相当額が甲の雑所得と認定された上で、過少申告加算税が課せられた事例です。

　甲は、自らが出資の大部分を有する同族会社への3,455億円余りの無利息貸付けについて、申告当時に公表されていた見解がその後改変されたことによる更正であるから、「正当な理由」が認められると主張しました。

　原審（控訴審東京高裁平成11年5月31日）は、「正当な理由」を認めましたが、最高裁は、次の理由から「正当な理由」を認めませんでした。

判断の要旨	前記事実関係等によれば、本件貸付けは、3,455億円を超える多額の金員を無利息、無期限、無担保で貸し付けるものであり、甲がその経営責任を果たすためにこれを実行したなどの事情も認め難いのであるから、不合理、不自然な経済的活動であるというほかはないのであって、税務に携わる者としては、本件規定の適用の有無については、上記の見地を踏まえた十分な検討をすべきであったといわなければならない。

　他方、本件の各解説書は、その体裁等からすれば、税務に携わる者においてその記述に税務当局の見解が反映されていると受け取られても仕方がない面がある。しかしながら、その内容は、代表者個人から会社に対する運転資金の無利息貸付け一般について別段の定めのあるものを除きという留保を付した上で、又は業績悪化のため資金繰りに窮した会社のために代表者個人が運転資金500万円を無利息で貸し付けたという設例について、いずれも、代表者個人に所得税法36条１項にいう収入すべき金額がない旨を解説するものであって、代表者の経営責任の観点から当該無利息貸付けに社会的、経済的に相当な理由があることを前提とする記述であるということができるから、不合理、不自然な経済的活動として<u>本件規定の適用が肯定される本件貸付けとは事案を異にするというべきである。</u>そして、当時の裁判例等に照らせば、甲の顧問税理士等の税務担当者においても、本件貸付けに本件規定が適用される可能性があることを疑ってしかるべきであったということができる。

審　　級	第一審、東京地裁平成９年４月25日〔棄却、控訴〕 控訴審、東京高裁平成11年５月31日〔認容、上告〕

《事例25》　税務調査担当者は不十分な資料でしか判断できなかったのだから「正当な理由」は認められないとした事例　　×

（福岡高裁平成12年３月28日　税資247号37頁）

〔事案の概要〕

　本件は、納税者（甲）が親族の死亡により受領した死亡保険金（本件保険金）を一時所得として申告していなかったために過少申告と

なった事例です。甲は、本件保険金をみなし相続財産として相続税の申告をしたところ、税務調査の際に本件保険金の扱いに関する指摘は受けていませんでした。しかしその後、これとは別の項目について納税者がした更正の請求に関して調査がされ、その調査担当者は、本件保険金については一時所得であるとの判断に至り、甲の所得税について更正処分等がされました。甲は、信義則違反による処分取消しを主張しましたが、裁判所はこれを認めず、正当な理由による加算税の取消しも認めませんでした。

判断基準等	法65条4項に規定する「正当な理由」があると認められるのは、申告当時適法と認められた申告がその後の事情の変更により納税者の故意又は過失に基づかずして当該申告額が過少となった場合のように、当該申告が真にやむを得ない理由によるもので、かつ、過少申告加算税の賦課が不当若しくは酷になる場合であると解するのが相当であり、仮に、税務職員に誤指導ないしこれに類する行為があったとしても、その行為に至ったことについて、納税者の、正確な資料を提出しない等何らかの責に帰すべき事由が関与しているときは、「正当な理由」の存在は認められないと解すべきである。
判断の要旨	本件保険金が一時所得に当たるか否かは、その掛金の負担者が被相続人であったのか甲であったのかにより判断されるところ、右事実は、税務職員においてよく知り得る事情ではなく、被相続人若しくは甲において知っているか、よく知り得る事情である。 　しかるに、甲は、本件保険金に係る掛金を負担しながら、主観的にはこれを被相続人が負担したものと考えて、

	みなし相続財産に当たるとして相続税の申告を行い、X調査官に対しても、その旨の申出をしたものの、格別の資料を提出することはなかった。 　他方、X調査官は、<u>関係資料（X調査官の把握していた資料が、他の証拠に照らすと、判断材料として不十分であることは明らかである。）からは、本件保険金がみなし相続財産であるか否かを判断することができず、そのために、△税理士との間で妥協的に本件保険金はみなし相続財産に当たるとの処理を事実上黙認したに過ぎない。</u> 　以上によれば、本件は、甲が、税務職員において掛金の負担者を認定するに足りる程度の資料を提供することなく、本件保険金に係る掛金は被相続人が負担していたものであると主張した事案であるから、X調査官において安易に納税者の主張を容れて妥協した経緯があるとしても、これをもって、納税者の申告が真にやむを得ない理由によるもので、かつ、過少申告加算税の賦課が不当若しくは酷になる場合に当たるとまでは認め難い。
上　　訴	上告
審　　級	第一審　福岡地裁平成10年3月20日〔認容、控訴〕 上告審　最高裁平成12年9月28日〔棄却、確定〕

〔**検討**〕

　本件控訴審では認められませんでしたが第一審では「正当な理由」を認めています。その理由は、X調査官が本件保険金について、「むしろみなし相続財産であると判断していたこと」、「納税者は関与税理士からそれをみなし相続財産と認めてもらったと聞いていること」等の事実で

した。第一審ではそれらの事実から納税者が一時所得として申告しなかったことには相当の事情があると判断されました。

　しかし、本件控訴審では異なる判断が示されました。控訴審では、X調査官が判断の基礎とした資料が不十分であったと認定しています。すなわち、X調査官が、何らかの判断を示したという認定に基づく第一審と、調査担当者が把握した資料では、調査担当者が判断ができなかったと認定した本件控訴審の事実の捉え方の違いといえます。

4 通則法65条5項

要　件	第1項の規定は、修正申告書の提出が、その申告に係る**国税についての調査があつたこと**[1]により当該国税について**更正があるべきことを予知してされたもの**[2]でない場合において、<u>その申告に係る国税についての調査に係る第74条の9第1項第4号及び第5号（納税義務者に対する調査の事前通知等）に掲げる事項その他政令で定める事項の通知（次条第6項において「調査通知」という。）がある前に行われたものであるとき</u>は、
効　果	適用しない。

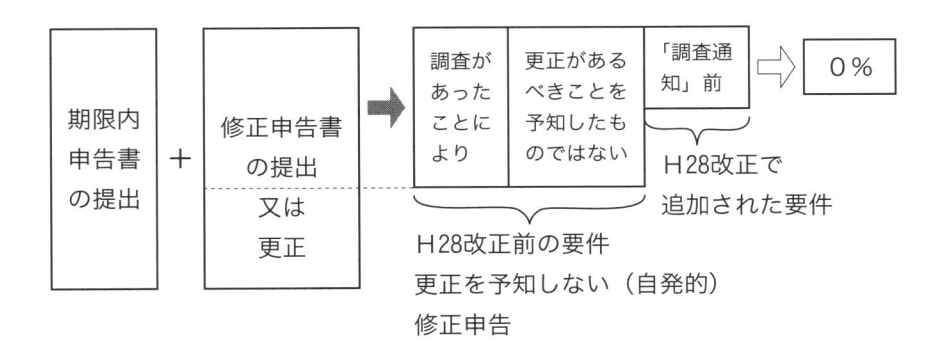

〔概説〕

　自発的な修正申告に過少申告加算税を課さないことの趣旨としては、徴収事務の能率性^(注1)及び自発的申告へのインセンティブ^(注2)といった二点が裁判所によって指摘されています。

　修正申告書が、どの時点までに提出されれば通則法65条５項が適用されるのかについて、学説は、(1)調査開始説（調査着手説）、(2)端緒把握説（客観的確実性説）[注3] 及び(3)具体的発見説の３つを唱えますが、裁判例の多くは(2)の端緒把握説に立っています。

　もっとも、どの段階で端緒が把握されたのかについては、納税者の側にとっては推測の域を出ませんし、何をもって端緒の把握というのかについても難しい点がありますので、実務上は、個々の事件の事実関係に照らして理解する必要があります。

　また、「その申告に係る国税についての調査があったことにより当該国税について更正があるべきことを予知してされたものでないとき」の解釈については、二つの考え方があります。一つは、調査の有無を前提とすることなく、納税者についての更正の予知（又は調査の予知）という主観的要素だけを論ずれば足りるという考え方、もう一つは、「調査があったこと」と「更正があるべきことを予知してされたもの」の二つの要件の充足が必要と解する、いわゆる「二段階要件説」[注4] というものです。

　現在は、二段階要件説を前提にすることが一般的であり、本書においても二段階要件説によって事例を整理しました。

　平成28年度税制改正前は、単に「調査があったことにより更正があるべきことを予知したものではない」ことが、過少申告加算税の免除要件でした。つまり、下線部分（「調査通知」前であること）の要件はありませんでした。

　しかし、実地調査の際に原則として事前通知が行われることとなったことで（通則法74の９）、事前通知があった直後に修正申告や期限後申告をして加算税を免れようとする事例がみられるようになりました。そこで、当初申告のコンプライアンスを高める観点から、加算税が免除されるためには、更正予知に関する要件に「調査通知」前であることの要件

が加えられたものです。

　なお、「調査通知」後で「更正を予知しない（自発的修正申告）」場合は、1項括弧書き適用により、基本税率10％が5％に軽課されます。

（注1）

　「税務当局の徴税事務を能率的かつ合理的に運用し、申告の適正を維持するため、税務当局において先になされた申告が不適法であることを認識する以前に、納税義務者が自発的に先の申告が不適法であることを認め、あらたに適法な修正申告書を提出したときには、これに対し右加算税を賦課しない……」（和歌山地裁昭和50年6月23日　税資82号70頁）

（注2）

　「……自発的に修正申告を決意し、修正申告書を提出した者に対しては、例外的に過少申告加算税を賦課しないこととすることにより、納税者の自発的な修正申告を奨励することを目的とするもの……」（東京地裁平成7年3月28日他）

（注3）　端緒把握説（客観的確実性説）

　調査により脱漏所得を発見するに足るかあるいはその端緒となる資料が発見されるまでに提出された修正申告書は「予知してされた」ものではないとする考え方。

⇒東京高裁平成7年11月27日他

→本書で紹介した事例のうち、以下の事例31、事例34、事例38は、明示的にこの判断基準を用いています。

　端緒把握説の判断基準

　……「その申告に係る国税についての調査があったことにより当該国税について更正があるべきことを予知してされたものでないとき」とは、税務職員が申告に係る国税についての調査に着手し、その申告が不適正であることを発見するに足るかあるいはその端緒となる資料を発見し、これによりその後の調査が進行し先の申告が不適正で申告漏れの存することが発覚し更正に至るであろうということが客観的に相当程度の確実性をもって認められる段階（いわゆる「客観的確実時期」）に達した後に、納税者がやがて更正に至るべきことを認識した上で修正申告を決意し修正申告書を提出したものでないことをいうものと解するのが相当である。

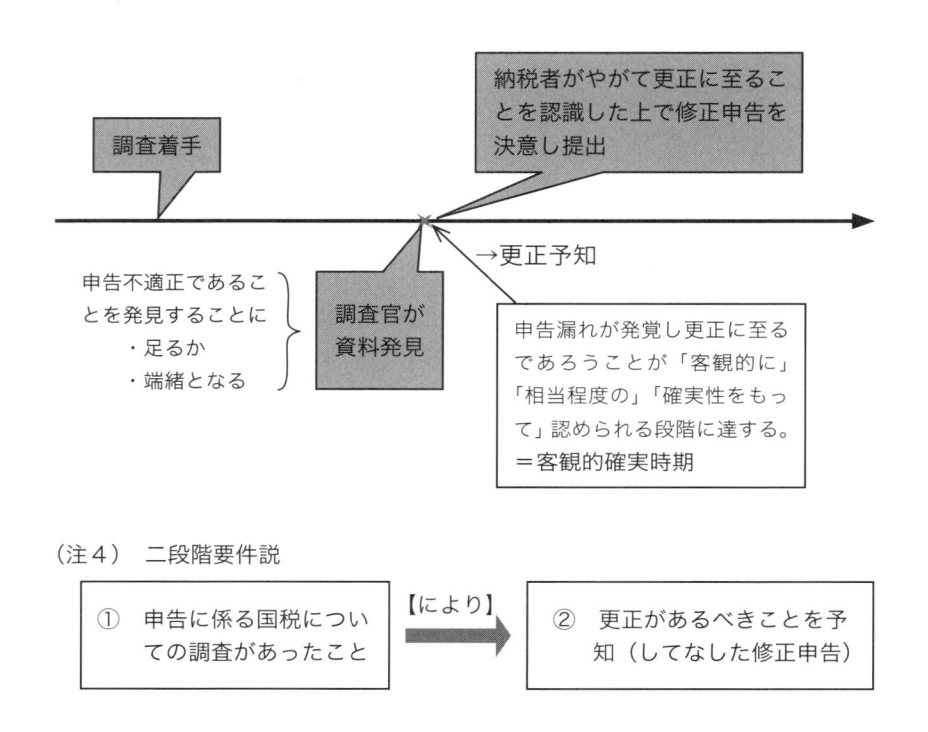

（注４）　二段階要件説

①　申告に係る国税についての調査があったこと 　【により】→　②　更正があるべきことを予知（してなした修正申告）

【１】　国税についての調査があったこと

〔ポイント〕

　通則法65条５項は「申告に係る国税についての調査があったこと」を一つの要件としていますので、「調査」の意義が問題となることがあります。

　「調査」とは、問題点を確認する目的でする質問・検査等の調査全般を指しますので（事例26）、電話や文書であっても明確に誤りを指摘されれば「調査」に当たります（事例27）。また、国税査察官の調査や修正申告の税目以外の税目等についての調査もこの条項の「調査」に含まれると解されています（事例28、事例29、事例30）。

　また、納税者以外への調査であっても、納税者自身が自らに関する調査が行われていることを認識した又は認識し得る可能性があれば、この「調査」に当たると解されています（事例31）。一方で、税務調査が修正申告に係る部分以外を対象とするものであれば、この「調査」には当たらないとされています（事例32）。

　もっとも、納税者自身が求めた調査では（事例33）、納税者の修正申告の決意が早期に明らかであったことを処分取消しの理由としています。このような事例によると、二段階要件説でいう「調査」と「更正予知」の両要件は、相対的な関係にあると理解できますから、両要件の区分もあくまで便宜的なものであって、厳密な分類ではないということになります。

　なお、単なる申告書用紙等の送付は「調査」に当たらない等、実務上、調査に当たらない行為については、国税通則法第７章の２（国税の調査）関係通達１－２《「調査」に該当しない行為》が具体的な例示をしています。

《事例26》　実地調査において具体的指摘がなかったが更正予知に当たるとされた事例　☒

（国税不服審判所平成５年３月24日裁決　TAINS　J45-1-02）

〔事件の概要等〕

　本件は、海運業を営む同族会社である審査請求人（甲）が、業界特有の習慣上の財産権（本件財産権）に特例（本件特例）の適用がないにもかかわらず、適用があることを前提に申告して過少申告となった事例です。

　本件では、実地調査の際に個別具体的な指摘がなかったことをもって、甲は、更正予知に当たらないと主張していました。しかし、審判

所は、下線部のように判示し、調査時の問答等から甲には更正予知があったと推認しました。

事実関係等の要旨	(1)調査担当者は平成3年7月23日に甲の関与税理士に法人税調査を行う旨を事前通知し、(2)その翌24日に納税者の本店において帳簿の検査等を行ったこと、及び(3)本件財産権に係る処理についての問答がなされたことが認められるが、(4)この際に、甲のした処理等が個別通達に反したものであるとの具体的かつ明確な指摘がなされたか否かについては認定するに足りる資料がない。
判断基準等	通則法65条5項の規定は、「その申告に係る国税についての調査があったことにより当該国税について更正があるべきことを予知してなされたものでない」場合に適用されるものであり、ここにいう「調査」とは、所得金額の計算の基礎となった事実や法令の解釈適用に係る誤りの個別具体的な指摘を意味するものでなく、これらの有無を確認する目的でする質問、検査等のすべてを意味するもの、すなわち調査全般を指すものと解するのが相当である。
判　断	そうすると、上記(1)及び(2)の事実をもって、「その申告に係る国税についての調査があったこと」に当たると判断すべきことになる。 　(〈筆者要約〉次に甲が「……予知して」いたか否かを判断すると、上記(2)及び(3)の事実、並びにこのころ甲が本件財産権に係る正当な税務処理を承知していた事実等に照らし検討すると)甲は平成3年7月24日には、修正申告をしない場合には更正がなされるであろうことを当然に予知していたものと推認するのが相当である。した

> がって、申告に先だって調査担当者が個別通達に反する
> 旨の明確な指摘をしたか否かにかかわらず、……通則法
> 65条5項の適用はない。

〔検討〕

本件では、4項の「正当な理由」についても争われており、これについて裁判所は、平成3年3月ころ以降には、甲が正当な税務処理を承知していたものと推認することができると判断しました。そして、そこから5項の更正予知について「更正がなされるであろうことを当然に予知していたものと推認するのが相当である。」との判断を示しています。しかし、甲が正当な処理を承知していたことをもって、直ちに「当然に予知していた」といえるのか、「予知し得た」といえるにとどまるのではないかと思われるところです。

本件は、調査があれば、原則として更正予知にあたるとの考え方が根底にあると思われますが、甲に、事例34のように「調査初日の朝に申告を見直していたところ、誤った税務処理をしていたことに自ら気づいて修正申告書を提出した。」といった事情がある場合には、具体的な調査の範囲や調査官の具体的事実の把握状況が、判断を左右することになると考えます。

《事例27》　電話で明確な指摘がされたことは「調査」に当たるとした事例　☒〔非公表裁決〕

（国税不服審判所平成6年3月30日裁決　TAINSコードJ47-1-05）

本件は、課税庁が電話により納税者に対して非違事項を指摘して修正申告のしょうようをしていたもので、更正予知があったものとされた事

例です。本裁決は、「調査」に関して次のように述べています。「通則法65条 5 項に規定する調査とは、課税庁が行う課税標準等又は税額を認定するに至る一連の判断過程の一切を意味し、課税庁が更正に至るまでの思考、判断を含むきわめて包括的な概念であり、実地又は呼出し等の具体的な調査はもちろん、納税者に対する電話、文書等による質問も含むものと解されているところ、これらの調査に基づいて申告の誤りを示唆又は指摘され、その後に修正申告をしたような場合においては、当該修正申告書は調査があったことにより更正があるべきことを予知してされたものと解するのが相当である。」

〔同旨のものとして、（国税不服審判所平成14年 2 月25日裁決　裁決事例集No.63・20頁）〕

《事例28》　国税査察官の調査も通則法65条 5 項の「調査」に含まれるとした事例　☒

（国税不服審判所昭和46年 8 月 9 日裁決　TAINSコードJ03-1-01）

〔事案の概要〕

　本件では、国税犯則取締法 1 条（当時）に基づく国税査察官の調査を受けたあとに法人税の修正申告書を提出した審査請求人（甲）が、当該国税査察官は資料収集等のために臨場したのであって甲に対する調査ではない等と主張しました。しかし、審判所は甲の主張を認めず、次のように判示しました。

事実関係等	・甲は、昭和44年 2 月17日及び18日に国税査察官の臨場調査を受け、経理担当責任者は、国税査察官に不正経理の顛末書を徴されている。 ・甲は、昭和44年 7 月31日に修正申告書を提出した。

	・国税査察官の調査資料を引き継いだ税務署長は、昭和44年10月6日から納税者の調査を行った。
判断基準等	「その申告に係る国税についての調査があったことにより当該国税についての更正があるべきことを予知してされたもの」の意義は、大蔵省設置法、同法施行令及び大蔵省組織規程等に照らして正当な権限を有する収税官吏により、<u>当該納税義務者または徴収義務者に対する所得税、法人税その他直接税に関する実地または呼出等の具体的調査</u>により、当該所得金額または所得税額に脱漏があることを発見された後になされた申告または納付を指すものと解される。
判断の要旨	納税者が修正申告書を提出する前に国税犯則取締法により収税官吏としての権限を有する国税査察官が納税者の備付帳簿を具体的に調査しており、その調査により当初申告の所得金額に脱漏があることが発見されているところから見て、納税者の主張は是認し難く、……通則法65条3項（現5項）の規定に該当するものと認めることはできない……

《事例29》　修正申告とは別税目の税務調査も「調査」に含まれるとした事例　　☒〔確定〕

（名古屋高裁昭和45年7月16日　行集21巻7・8号1033頁）

　本件は、まず法人税担当職員の調査により訴外会社の簿外預金が認定されて法人税の更正処分がされ、異議申立てによって当該更正処分が取り消されました。そして、それを受けて納税者（甲）が当該簿外預金を亡父の遺産とする相続税の修正申告書を提出したところ、加算税の賦課

決定処分がされました。

　処分当時、旧相続税法54条３項には「当該職員の調査に因り」という文言を用いて、自発的に修正又は申告をした者に対して重加算税を課さない旨の規定がありましたが、本件では重加算税が課されたために、この条項の「調査」の意義が問題となりました。

　裁判所は、「当該職員」とは、期限後申告又は修正申告の原因たる事実を調査した職員を指称するものと解するのが相当であるとしました。さらに、通則法65条３項（現通則法65条５項）についても、調査をした職員が当該国税の担当職員であることを要するものと定めているのではないと解し、甲の主張を認めませんでした。

《事例30》　国税の調査は事業税に係る調査に含まれるとした事例

$\boxed{\times}$〔確定〕

（東京高裁昭和56年９月28日　行集32巻９号1689頁）

　本件は、納税者が税務署の調査・指導のもとに法人税の修正申告をし、同様に事業税も修正申告を行い、その事業税に係る重加算金について争った事例です。

　納税者は、重加算金を賦課するためには、修正申告書が提出される以前の段階で、道府県知事が更正の要件が存することを知っていることを要する等とし、本件では、道府県知事が独自に税務調査をしたわけではないから、更正予知に基づき修正申告をしたものではないと主張しました。

　しかし、裁判所は、同一人に対する法人税に関する国税官署による具体的調査は、道府県知事による調査に含むと解すると判断して納税者の主張を排斥しました。

《事例31》 取引先等に対する調査は「調査」に当たるとした事例 　×

（東京地裁平成14年1月22日　訟月50巻6号1802頁　ルノアール事件）

〔事案の概要〕

　本件の原告（甲）は、絵画取引（本件絵画取引）の仲介手数料として得た2億3,500万円を収入に計上せずに所得税の確定申告書を提出していましたが、平成3年4月2日に国税庁長官を訪れて修正申告をしたい旨を申し出た後、同年7月4日に修正申告書を提出しました。

　本件では、甲自身への調査は、甲の修正申告の申出日よりも後だったため、本件絵画取引の当事者（D商事）や金融機関に対する調査が65条5項の「調査」に当たるのかが論点となっています。裁判所は、この点について、客観的確実性説を述べて、「調査」に当たると判断しました。

事実関係等の要旨	・平成元年3月28日、本件絵画取引がされた（売買代金36億円）。 ・平成元年3月30日、原告は仲介手数料を仮名預金に入金等した。 ・平成2年8月頃、本件絵画取引の決済に係る銀行調査により、調査担当者は、資金の動きを調査した。 ・平成2年10月頃、甲は、関係者から国税局がD商事に対して本格的な税務調査に入っていること等の連絡を受けた。また、甲は調査が夏から行われていることを聞いた。 ・平成3年3月30日付の新聞に「D商事絵画取引で15億円不明」との記事が掲載された。 ・平成3年4月2日、甲は代議士の紹介で国税庁長官を訪れて修正申告を行う意思があることを説明した。

	・平成３年４月23日、甲に対する臨場調査が開始された。 ・平成３年７月４日及び平成４年６月24日、甲は修正申告をした。
判断等の要旨	…課税庁が当該納税者を具体的に特定した上でする<u>直接的な調査でなくても、当該調査が、客観的にみれば当該納税者を対象とするものと評価でき、納税者が自らの申告に対して更正のあるべきことを予知できる可能性があるものである限り、同「調査」に該当する</u>というべきである。
	したがって、当該納税者が関与した取引につき、その相手方又は金融機関等の第三者に対する調査が行われている場合は、当該調査は客観的にみれば当該納税者を対象とするものと評価できるのであるから、<u>同取引が客観的にみて当該納税者の課税要件を構成する事実に該当し、かつ、当該納税者が調査を受けた第三者から調査の状況を聴取するなどしてこれを知り得る状態となっているときは、本件規定にいう調査に該当する</u>というべきである。
	以上に基づき、本件について検討するに、前記で認定したとおり、（１）甲が国税庁長官に対して修正申告の申出を行い、修正申告の決意が明らかとなった平成３年４月２日より以前の時点で、（〈筆者要約〉 調査第一部は、本件絵画取引に関する調査等を通して、甲の仮名口座の存在を突き止めていたから、税務職員は）「端緒となる資料を発見した」ということができ、かつ（〈同要約〉仮名口座とはいえ甲の口座であるから）客観的に見れば甲自身に対する調査が着手されていると評価でき、また、（２）（〈同要約〉本件絵画取引に関する不明確な資金の流れは、さらなる徹底した調査で判明する可能性があり、それにより本件絵画取引と甲との関係が明瞭となり得たこと、

	本件絵画取引の未解明部分の調査は引き続き行われることになっていたこと、警視庁がD商事等を古物営業法違反の疑いで調査する方針であったこと、関係者が甲に対して本件絵画取引の経緯を内外に説明する必要性を伝えていたこと）などの事情を考慮すれば、甲が国税庁長官と面会した時点においては、その後調査が進行し先の申告が不適正で申告漏れの存することが発覚し更正に至るであろうということが客観的に相当程度の確実性をもって認められる段階に達したということができ、さらに、（3）甲自身も、このような諸状況に照らすと、D商事等の関係者等本件取引に関与した者の供述等により、いずれ本件絵画取引に自分が関与していることが表面化するであろうとの状況判断に立っていたと考えるのが自然である。そうであるとすると、甲が主張するように通則法64条5項の適用を甲の修正申告の意思表示をした時点で考えるとしても、同意思表示は、「やがて更正に至るべきことを認識した上で修正申告を決意した」ことによるものというべきである。
上　　訴	控訴
審　　級	控訴審、東京高裁平成14年9月17日〔棄却、確定〕

《事例32》　修正申告に係る事実を除いて行われた調査であるから更正予知には当たらないとした事例　　〇

（国税不服審判所平成22年6月22日裁決　裁決事例集No. 79）

〔事案の概要〕

　本件は、同族会社である請求人（甲）が、経理担当者（A）による横領の事実を把握し、当該横領に関する事実関係の確認等をしている

段階で税務調査が開始された事案です。審判所は、「予知」の有無以前に、調査が納税者の申出事項（横領に関する事実）以外に関してなされたものであるとの認定（下線）をし、横領に関する事実に基づく修正申告書は、調査があったことに基づいて提出されたものではないとの判断を下しています。

事実関係の要旨	• 納税者の代表者の妻で経理担当取締役であるＸは、平成20年５月の連休明けのころ、元帳の福利厚生費が多額であることに気付き、Ａにこの原因について問い質したところ、同人が横領の事実を認めた。 • Ｘは関与税理士の指示に基づき横領に関する調査資料を作成し、平成20年６月４日に同税理士に提出した。 • 調査担当者は関与税理士から、横領の全容を解明するには相当の日数を要するので、横領の解明作業については当方に任せてもらいたい旨の申出を受け、それを了承した。そして、自らは横領の全容については確認せず、帳簿調査の過程で、証拠資料の確認ができないものについては、関与税理士から交付を受けた横領資料の写しと照合するなどして一部を確認した。
判断の要旨	認定した事実関係によれば、本件については、次のようにみることができる。すなわち、①甲は平成20年５月の連休明けのころ、Ａによる横領の事実を把握し、ただちに関与税理士に当該事実を報告し、同年６月４日には横領資料を関与税理士に提出して横領に関する修正申告書の作成作業を依頼するなどしており、納税者本人において、その申告が不適正であることを発見しあるいはその端緒となるべき資料等を把握したものである。 　その後、②関与税理士は、担当する事務に忙殺された

上、横領が多額の勘定科目に及び、かつ横領の時期も4期にわたったことから、事実関係の確認及び修正申告書の作成作業に時間を要したが、③関与税理士及び甲の代表者は、調査の初日の平成20年10月1日には、納税者の会社概況等を説明した後、調査担当職員が帳簿調査を開始する前に、当該職員に対し、横領資料の写しを交付し、横領に係る事実関係を説明し、当該職員から横領の解明作業を関与税理士が行うことの了承を得たもので、税務当局の調査着手後、早期の段階において、納税者から修正申告書を提出する旨の申し出がなされたということができる。

　一方、④調査担当職員は、調査の開始前において横領につながるような資料は保有しておらず、帳簿調査において、横領行為の一部について確認するにとどまり、その全容について確認していなかったところ、⑤（〈筆者要約〉本件の調査により）、経理担当者の横領行為に関する事実関係が新たに明らかになったものはなかったものと認められる。そうすると、上記申出を受けた調査担当職員は、当該申出に係る部分を除いて調査を行ったものであり、調査担当職員の調査により更正がなされることを予知されたと評価すべき事実を認めることはできない。

　以上によれば、修正申告書は調査があったこととは別に自主的に提出されたものであり、調査があったことに基づいて提出されたと認められないことから、更正があるべきことを予知してされた修正申告書の提出には当たらない。

《事例33》　横領事実を税務署に相談したものであり更正予知には当たらないとした事例 ○

（国税不服審判所平成23年５月11日裁決　国税不服審判所ホームページ）

　本件は、納税者が従業員の給与水増金の横領事実を発見し、法人税の申告が過少になっていることについてどうすればいいか税務署に相談（事前説明）して、自ら税務調査を求めた事例です。審判所は、事前説明の際に納税者の修正申告の決意が客観的に明らかになっていたということを認定して、調査があったことにより更正があるべきことを予知してされた修正申告書の提出には当たらないとの結論を導いています。

【2】　予知してされたもの

〔ポイント〕

　調査開始後の修正申告書の提出であっても、申告が不適正であることの発見につながる一般的抽象的可能性を有するにすぎない程度の調査であれば、過少申告加算税は課せられません（事例34）。また、調査開始時に黙示的な修正申告書提出の意思の表明が認められるケース（事例35）、納税者の事情からみて確定申告の際に既に修正申告をする決意が認められるケース（事例36）、さらに前年の申告状況からみて、更正予知ではないと言い切れないケースについては（事例37）、過少申告加算税は課せられません。

　しかし、納税者への調査以前に金融機関への調査で納税者の匿名預金が発見されていたケースでは、修正申告を決意した時期を詳細に認定して過少申告加算税を課すことは適法であると判断しています（事例38）。

《事例34》　調査担当者が収集・検討していた資料は端緒資料では

ないとされた事例　　　　　　　　　　　　　　　　○

（東京地裁平成24年9月25日　判時2181号77頁）

〔事案の概要〕

　本件は、米国法人の完全子会社である原告（甲）が、増加償却に係る特例適用のための要件である届出書（本件届出書）を不提出のまま増加償却を前提とした申告書を提出していたところ、経理担当者（A）が税務調査初日の朝、調査のために準備していた控えファイルに本件届出書が綴じられていないことに気付いたものです。甲は、不提出の事実を直ちに米国親会社に報告し、協議の結果速やかに修正申告書を提出すべきとの方針を決定しました。甲は、調査期間中（調査初日から約1週間後）に修正申告書を提出し、その旨を調査担当者に告げたところ、過少申告加算税が課せられました。裁判所は、判断基準として客観的確実性説を示して、納税者の主張を認めました。

事実関係等の要旨	・調査初日である平成21年7月21日の朝、Aは、調査担当者が臨場する前に、本件届出書の控えがファイルに綴じられていないことに気付いた。 ・同年7月21日、調査担当者は、確定申告書、固定資産台帳、減価償却費明細、増加償却の管理のためのレポート等の提出を受けた。 ・同年7月24日、Aは、社内記録確認の結果、本件届出書の提出を失念していることをほぼ確信し、同日深夜に米国親会社の担当者に報告した。 ・同年7月27日、米国親会社は税理士法人からの助言を踏まえて修正申告及び追加納税を決定し、翌日未明、電子メールでその旨Aに指示した。

	● 調査担当者は同年7月27日までの間に増加償却の特例適用の要件充足等に関して、資料や質問を求める等の具体的調査は行っていなかった。 ● 同年7月28日、Aらは調査担当者に対して、同日午前に修正申告書を提出したことを説明したが、この時点まで、調査担当者は、納税者が本件届出書を提出していなかったことに気づいていなかった。また、Aは調査担当者に対して減価償却方法についてはまだ調査していないことを確認する旨の質問をしたが、調査担当者からは明確な回答がなかった。
判断の要旨	まず、……調査担当者が確定申告書等を収集していたことをもって、いわゆる客観的確実時期、すなわち本件確定申告書における申告が不適正であることを発見するに足るかあるいはその端緒となる資料を発見し、これによりその後の調査が進行し先の申告が不適正で申告漏れの存することが発覚し更正に至るであろうということが客観的に相当程度の確実性をもって認められる段階に達していたといえるか否かについて検討する。 　……甲は、本件届出書を提出していなかったことのみをもってこの特例の要件を満たさないことになり、……本件においていわゆる客観的確実時期に達していたというためには、本件届出書の不提出が発見されるであろうことが客観的に相当程度の確実性をもって認められる段階に達していたことが必要であるというべきである。 　……実際に、上記認定事実のとおり、調査担当者は、確定申告書等を収集していたにもかかわらず、Aらから修正申告書を提出したことを説明されるまで、本件届出書が提出されていないことについて何ら気付いてなかっただけでなく、本件届出書の提出の有無や増加償却計算

の適否について関心を示し、これに関する質問や資料提出依頼をすることもなかったのである。……したがって、本件確定申告書等は、本件届出書が提出されていないことを発見するに足る資料とはいえないし、本件届出書の提出の有無について調査する端緒となる資料ともいえないから、調査担当者が本件確定申告書等を収集していたことをもって、いわゆる客観的確実時期に達していたということはできないというほかない。

　次に……調査担当者は、修正申告書が提出されるより前に、確定申告書等の資料を収集するとともに、減損損失や遊休資産設備償却費等の減価償却計算の適否に係る調査を行っていたことが認められるところ、調査担当者がこのような減価償却計算の適否に係る調査を行っていたことをもって、いわゆる客観的確実時期に達していたといえるか否かについて検討する。

　（〈筆者要約〉　本件調査担当者は、修正申告書が提出される時点までに、増加償却に係る適用要件の充足について調査する必要性があると考えていたことをうかがわせる証拠はなく、また、減損損失の計算誤りはＡから告げられたのであって、本件担当者自身が減価償却資産に関係する申告内容に不適切な点を発見していたわけでもない。）

　そうすると、本件調査担当者が、減損損失や遊休資産設備償却費等の減価償却計算の適否に係る調査を行っていたからといって、更に調査を進めて償却限度額の再計算を行い、ひいては本件届出書の確認をすることになることが客観的に相当程度の確実性をもって認められる段階に至っていたとは到底いうことができず、単にそのような一般的抽象的可能性があったにすぎない状況にあっ

	たというべきである。そして、このように<u>申告が不適正</u> <u>であることの発見</u>につながる一般的抽象的可能性を有す るにすぎない程度の調査がされていたにとどまる段階で、 いわゆる客観的確実時期に達していたものと認めること は、国税通則法65条5項の趣旨や文言に照らして相当で はない。……
上訴等	なし〔確定〕

〈事実関係等〉

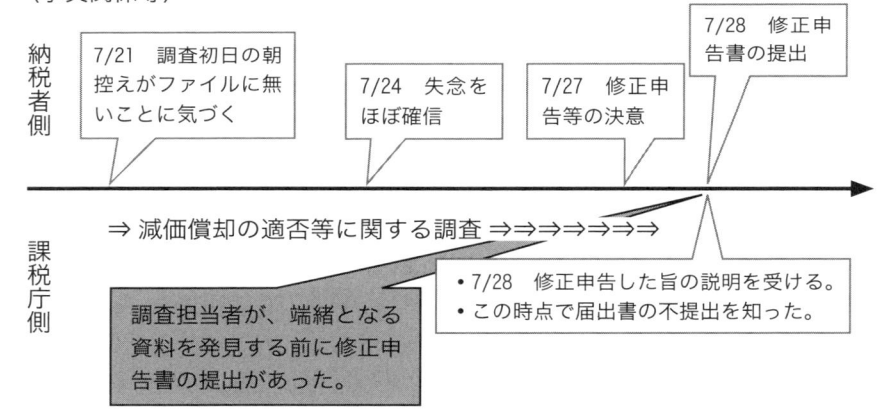

〔検討〕

　本件では、甲の米国親会社や税理士法人担当者とのやりとりに関する
メール及び修正申告書を提出したことを調査担当者に説明する際の会話
を残した録音といった証拠がありましたので、それらが、裁判において
有効に機能して納税者勝訴という結果を導いたものと考えます。

《事例35》　税務調査開始時に修正申告書を提出する意思を黙示的に表明していたとした事例　　☐〔控訴審で確定〕

（神戸地裁平成12年3月28日判決　税資247号62頁）

　本件は、相続税の申告の委任を受けていた税理士が、調査開始を受けて申告内容を見直したところ、基礎控除額の誤りを発見して調査担当職員にその旨を申し立てていたという事例です。本件では、現実に修正申告書が提出されたのは、調査が終わった後のことでしたが、税理士は調査担当職員から指摘を受ける前に誤りを申し立てて、原告以外の共同相続人に関しては過大申告分の還付を要請していたこと等から、裁判所は、黙示的にせよ修正申告書を提出する意思の表明をしていたとして、更正予知に当たらないと判断しました。

《事例36》　高額納税者の公示回避のための過少申告は更正予知に当たらないとした事例　　☐〔認容・確定〕

（広島高裁松江支部平成14年9月27日判決　訟月50巻10号3033頁）

　本件では、納税者が高額納税者の公示を回避するために、当初から修正申告をするつもりで譲渡所得を記載しない確定申告をした事例です。裁判所は、客観的確実性説を述べた上で、「調査官から問合せがあった時点で」納税者の更正予知（認識）があったと評価し、他方、「確定申告をした際には修正申告をする決意をしていた」、すなわち修正申告の決意自体は、更正予知によるものではないと認定し、処分を取り消しました。

《事例37》 前年分も概算で申告した後に修正申告をしており
更正予知ではないとされた事例 〇

（国税不服審判所昭和57年3月26日裁決　TAINS　J23-1-03）

　本件は、整形外科医で青色申告者である納税者（甲）が、概算で確定申告書を提出した後に修正申告書を提出したケースで、更正予知が問題となりました。処分年の修正申告書の提出は、昭和56年4月13日の調査の事前通知の翌日でした。なお、甲は、前年分についても概算で確定申告をした後に修正申告をしていましたが、過少申告加算税が課せられていないという状況でした。

　審判所は、課税庁からの調査の事前通知の際の電話の内容、具体的な所得金額等の非違の有無について触れたのかどうかなどを認定する証拠もなく、審判所の調査によっても、課税庁が13日又は14日に調査に着手したと断定することは困難である等としました。また、甲が修正申告書を提出する時点で、課税庁が当初申告が適正ではないことを既に把握していたものと甲が察知していたと認めることはできないとしました。そして、このような点から、更正予知ではないとの納税者の主張を排斥できないとして、過少申告加算税を取り消しました。

《事例38》 調査初日以前に修正申告の確定的決意を
していなかったとされた事例 ✕

（東京地裁昭和56年7月16日　行集32巻7号1056頁）

〔事案の概要等〕

　本件は、課税庁の調査担当者（X）が法人である納税者（甲）への臨場調査を実施する前に、国税局の金融機関調査により甲の匿名預金が発見されていた事案です。

　甲は、金融機関からの知らせを受けた翌日には修正申告書の提出を

決意し、さらに翌日には顧問税理士に修正申告書作成を依頼するなどしたから自発的な修正申告であると主張しましたが、認められませんでした。

事実関係等の要旨	・昭和47年3月23日、国税局の職員が銀行調査で甲の匿名預金1,100万円の存在を発見したところ、銀行は同日にこの事実を甲に知らせた。 ・同年4月1日、甲は、顧問税理士に利益除外を告白した。 ・同年4月3日、臨場調査において、調査担当者Xは簿外商品取引が記載された帳簿、他人名義の印鑑、他人名義の商品取引に関する残高照合書等を発見した。Xは、他人名義の印鑑等について甲社の役員に質問したが、同人は、動揺した様子であった。 ・甲は、同日、顧問税理士に簿外利益の一端を記載した資料を渡すとともに「3事業年度だけ修正申告してはどうか。」と相談するなどした。 ・同年4月4日、予定されていた調査は役員の私用による休暇で中止された。 ・同年4月6日、甲は修正申告書を提出した。
判断の要旨	Xが昭和47年4月3日の甲社に対する法人税調査において発見した資料及びその際の役員の態度等からすればその後調査が進行し先の申告が不適正で<u>申告漏れの存することが発覚し更正に至るであろうということが客観的に相当程度の確実性をもつて認めるに足りる段階に達した</u>というべきであり、かつ、納税者は、上記認定のとおり、<u>原処分庁の4月3日の調査以前に確定的決意をしていなかつたのであるから</u>、本件修正申告書の提出は「調査があつたことにより……更正があるべきことを予知してさ

		れたもの」ということができる。
上　訴		控訴
審級等		控訴審、東京高裁昭和61年 6 月23日〔棄却、確定〕

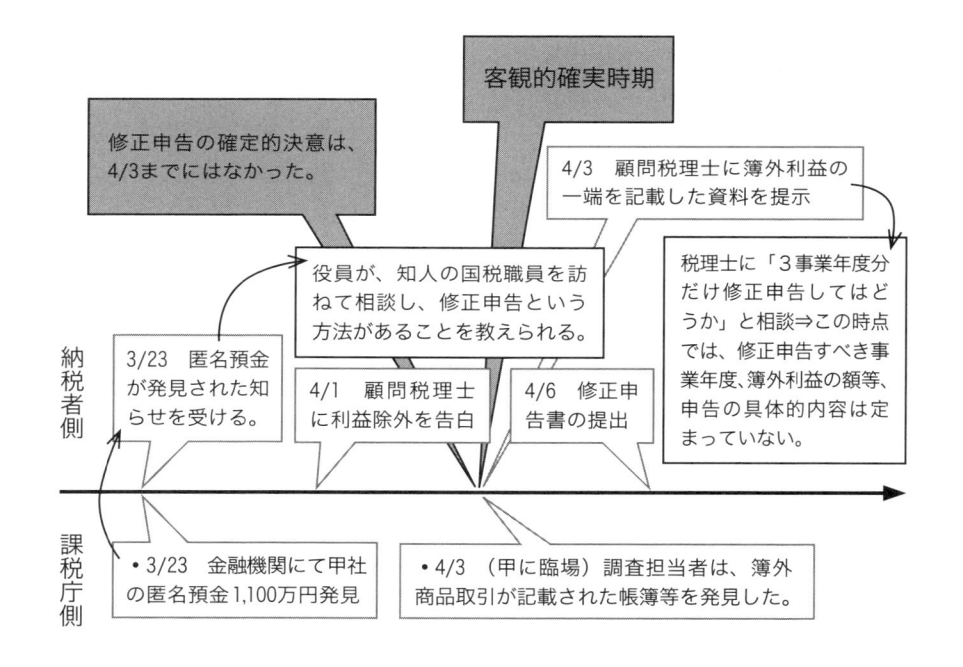

〔検討〕

　本件の控訴審（東京高裁昭和61年 6 月23日）は、通則法65条 5 項の立証責任に関して、「例外的には、調査の右の段階後に修正申告書が提出された場合でも、申告の決意は右の段階以前になされていたということはあり得る訳であるが、立証の問題としては、経験則上、申告書の提出が調査の右の段階後になされたときは、申告の決意は右の段階後になされた

ものと事実上推定すべきであり、この推定を破るためには、例えば、調査の着手後でかつ調査が右の段階に至る前に、申告の決意とその内容を税務職員に進んで開示する等のことが必要である。」と判示しています。

この判示は、上記の事例36（広島高裁松江支部平成14年９月27日）において課税庁が自らの主張に引用しましたが、裁判所は、納税者が申告の意思等を調査官に開示することは推定を破るための一例に過ぎないと排斥しています。

本件控訴審のいう「事実上の推定」とは、裁判における事実の推定法則の一つで、ある事実の存否が証明されれば、これに伴って他の要証事実の存在が相当程度の蓋然性をもって判断される関係にあるということをいいます。本件では、課税庁側に立証責任があり、調査後の修正申告書の提出行為によって、事実上の推定が働くことが述べられています。

このような裁判所の考え方を踏まえれば、実際に納税者が調査開始前に修正申告をすることを決意していて、たまたま税務調査が始まってしまったというような場合、修正申告の決意は調査後であったということが事実上推定されることになります。しかし、これに対して、納税者が何らかの方法でそれを反証できれば、65条５項の適用が認められるということになります。この点に関して、鳥取地裁平成４年３月３日（訟月38巻10号1960頁）では、「（納税者が）指摘された否認事項とは無関係に自発的に新事実に基づいて修正申告をしたと主張する場合には、納税者において、修正申告をせざるを得ない状況に追い込まれたことによって新たな事実を明らかにしたという関係にはないことを立証しなければならない。」と判示しています。

《事例39》　嘆願書提出時に修正申告書を提出していたとしても

加算税の賦課は免れないとした事例　　　　⊠

（最高裁昭和51年12月９日判決　訟月22巻13号3050頁）

〔事案の概要〕

　本件は、納税者（「亡Ｘ」）が、事業用資産の買換えの場合の課税の特例（旧租税特別措置法38条の６）の適用を受けるための手続要件を満たさずに確定申告をし、その後、税務調査において手続の不備を指摘されたために嘆願書を提出したものの、更正処分及び過少申告加算税の賦課決定処分がされた事例であり、調査着手時説にたつとされる判決です。

　もっとも、納税者の主位的な主張は、特例適用を受けるべき実体的要件を備えているというものであり、第一審及び控訴審では、更正予知に関する主張はしていませんでした。また、最高裁においても通則法65条５項の更正予知の明確な主張はなく、その主張は、亡Ｘが修正申告をしなかった責を亡Ｘに負わせるべきではなく税務職員の責に帰せられるべきであるというものでした。

判　断	過少申告加算税は、修正申告書の提出があつたときでも、原則としては、賦課されるのであり、その提出が、その申告に係る国税についての調査があつたことにより当該国税について更正があるべきことを予知してされたものでないときに、例外的に、課せられないこととされているにすぎないのである。原審が確定した事実によれば、亡Ｘが嘆願書を提出したのは、すでにその申告にかかる昭和〇年分の所得税について調査を受けたのちであつたというのであり、仮に、税務職員の適切な指導・助言に

	より、亡Xが、嘆願書を提出した時期に修正申告書を提出していたとしても、更正処分を受けるべきことを予知してこれを提出したことになるものというべきであって、過少申告加算税の賦課を免れないところである。
上訴、審級	第一審、神戸地裁昭和47年7月31日〔棄却、原告控訴〕 控訴審、大阪高裁昭和49年11月21日〔棄却、控訴人控訴〕

〔**検討**〕

　本件は、下線部分の判示から、「調査着手時説」を採る判決であるとの見解もあります。しかし、本件では、納税者の行動（嘆願書や修正申告書の提出）が調査後であったという事実については納税者も争っておらず、納税者は、通則法65条5項を主張していませんでしたので、裁判所が「客観的確実性説」と異なる基準（調査着手時説）を用いたとまではいえないと考えます。

5　財産債務調書及び国外財産調書に係る加算税の加重と軽減

　財産債務調書は、一定の所得基準及び保有財産基準を満たす個人が、その保有する財産及び債務を記載するもので、確定申告書の提出時期に税務署長に提出することとされている調書です。

　また、国外財産調書は、5,000万円を超える国外財産を有する居住者（非永住者除く）が、確定申告書の提出義務に関わらず、その明細を税務署長に提出することとされている調書です。

　これらの調書に関するルールは、「内国税の適正な課税の確保を図るための国外送金等に係る調書の提出等に関する法律」（一般的に「国外送金等調書法」と略されます。）に規定されています。以下では、これら２つの調書を併せて、「財産債務調書等」と呼ぶことにします。

　財産債務調書等の提出については、インセンティブ及びペナルティの趣旨から、提出あるいは不提出に対して、次のとおり、加算税が軽減あるいは加重する措置が講じられています。

　□１　インセンティブ（５％軽減措置）

　財産債務調書等を提出期限内に提出した場合には、その調書に記載がある財産若しくは債務に関して生じる所得で一定のものに対する所得税及び復興特別所得税（以下「所得税等」）又は財産に対する相続税の申告漏れが生じたときであっても、その財産若しくは債務に関する申告漏れに対応する部分の過少申告加算税及び無申告加算税が５％軽減されます。

2　ペナルティ（5％加重措置）

　財産債務調書等の提出が提出期限内にない場合又は提出期限内に提出されたその調書に記載すべき財産等の記載がない場合（重要な事項の記載が不十分な場合を含む）に、その財産等に関する所得税等の申告漏れ（死亡した人に係るものを除く）が生じたときは、その財産関する申告漏れに係る部分の過少申告加算税及び無申告加算税が5％加重されます。

〈参考〉

○　財産債務調書

　　次のすべてに該当する人は財産債務調書を提出する義務があります。

所得税等の確定申告書を提出しなければならない人
その年分の退職所得を除く各種所得の合計額が2,000万円を超えること
その年の12月31日においてその価額の合計額が3億円以上の財産又はその価額の合計額が1億円以上の一定の有価証券等を有する人 ^(*)

（＊）　国内に所在する財産のほか、国外に所在する財産を含みます。また、財産の価額については、財産の価額の総額をいい、財産の価額から債務の金額を差し引いた金額ではありません。

○　国外財産調書

　　次のすべてに該当する人は、国外財産調書を提出する義務があります。

居住者（非永住者を除く）であること
その年12月31日においてその価額の合計額が5,000万円を超える国外財産を有すること

6 過少申告加算税の税率と計算例

〈税率〉

過少申告加算税の基本税率（１項）		増差税額の10％
	更正予知ではない修正申告（１項括弧書）	増差税額の５％
増差税額が50万円（原則）超のときのその金額を超える部分（２項）		５％加重
（４項）	「正当な理由」に係る部分（１号）	加算税の対象から除く
	減額更正後の増額更正における当初申告部分（２号）	
調査通知前かつ更正予知ではない修正申告（５項）		加算税がかからない
財産債務調書等のペナルティ		５％加重
財産債務調書等のインセンティブ		５％軽減

（例１） 期限内申告による納付すべき税額は、3,000,000円であった。
修正申告（又は更正）による納付すべき税額は、401,000円であった。

$$401,000円 < 3,000,000円^{（※）} \quad \therefore ２項適用なし$$
$$（※）3,000,000円 > 500,000円 \quad \therefore 3,000,000円$$
401,000円→400,000円（10,000円未満切捨て）
400,000円×10％＝<u>40,000円</u>（過少申告加算税）

（例２） 期限内申告による納付すべき税額は、3,000,000円であった。
修正申告（又は更正）による納付すべき税額は、5,005,000円であった。

$$5,005,000円 ＞ 3,000,000円^{（※）}　\therefore 2項適用あり$$

（※）3,000,000円＞500,000円　∴3,000,000円

5,005,000円→5,000,000円（10,000円未満切捨て）

① 　5,000,000円×10％＝500,000円

② 　（5,000,000円－3,000,000円）×5％＝100,000円

① 　＋　② 　＝<u>600,000円（過少申告加算税）</u>

（注） 期限後申告書の提出の後に修正申告書を提出する場合には、過少申告加算税ではなく、無申告加算税が課せられる。

（例3）　国外財産調書を提出すべきであった者は、期限内申告書を提出（納付すべき税額3,000,000円）していたが、国外財産調書を提出期限までに提出していなかった。そうしたところ、海外預金に係る預金利息の申告漏れについて、更正処分を受けた。その更正処分によって納付すべき所得税額は401,000円であった。

　　更正処分の基礎となった国外財産を記載した国外財産調書を提出していなかったため、過少申告加算税は、5％加重される（国送法6②）。

　　増差税額　401,000円＜500,000円　∴2項適用なし
　　401,000円→400,000円（10,000円未満切捨て）
　　400,000円×（10％＋5％）＝<u>60,000円（過少申告加算税）</u>

（例4）　国外財産調書を提出すべきであった者は、期限内申告書を提出していたが、国外財産調書を提出期限までに提出していなかった。海外預金に係る預金利息の申告漏れに気付いたため、国外財産調書及び修正申告書を提出した（自発的修正申告かつ調査通知前である。）。その修正申告書の提出による納付すべき所得税額が401,000円であった。

　　通則法65条5項の適用により過少申告加算税が課せられないために、国外送金等調書法における5％の加重加算税は生じない。

（例5）　国外財産調書を提出すべきであった者は、所得税の期限内申告書（納付すべき税額100,000円）を提出していたが、国外財産調書を提出期限までに提出していなかった。海外預金に係る預金利息の申告漏れに気付いたため、国外財産調書及び修正申告書を提出した。更正を予知した修正申告書の提出ではない（自発的修正申告である）が、調査通知の後であったために加

算税の免除（通則法65⑤）の適用はない。この修正申告書の提出により納付すべき所得税額は700,000円である。

$$700,000円＞500,000円^{（＊）}　∴２項適用あり$$
$$（＊）　100,000＜500,000円$$

① 700,000円×５％（65①括弧書）＝35,000円
② （700,000円−500,000円）×５％（65②）＝10,000円
　　① ＋ ② ＝45,000円……③
④ 700,000円×５％（国外送金等調書法６①）＝35,000円
　　③ － ④ ＝<u>10,000円</u>（過少申告加算税）

（注）　国外財産調書を期限後に提出した上で修正申告をした場合でも、それが自発的な提出であれば（更正を予知したものではないときは）、その国外財産調書は期限内に提出したものとみなされます（国外送金等調書法６④）。これに関しては、調査通知の有無は問われません。

　　　そして、国外財産調書が期限内に提出されれば、本来の加算税額から増差税額に５％を乗じた金額が、通則法に従って計算した加算税の金額から控除されることになります（国外送金等調書法６①）。

留意点

• 計算の基礎となる税額に１万円未満の端数があるとき、又はその税額の全額が１万円未満であるときは、その端数金額又はその全額を切り捨てる（通則法118③）。
• 加算税の確定金額に100円未満の端数があるとき、又はその全額が5,000円未満であるときは、その端数金額又はその金額を切り捨てる（通則法119④）。

コラム　課税庁の考え方

　課税庁は、所得税過少申告等通達の第１の２において、納税者が調査を了知した後の修正申告書の提出は原則として更正予知に当たるという考え方を示しています。

　また、課税庁内部の文書には、次のような記載があります。

「課税総括課情報　加算税賦課に係る事実認定に当たっての留意事項（情報）平成25年6月28日　国税庁　課税総括課情報　第4号」【情報公開法第9条第1項による開示情報】〔TAINS H250628課税総括課情報〕

> 問1　調査の過程で、納税者に明示していない他の税目に係る非違の端緒を把握し、当該他の税目を調査対象として追加する旨を納税者に明示する前に、当該非違に係る修正申告書が提出された場合、加算税付加の判断に当たり、法65⑤等に規定する「調査があったことにより」に当たるものと事実認定してよいか。
>
> 　（注）　納税者に明示していない課税期間に係る非違（の端緒）を把握した場合も同様の問題が生ずる。

　調査の過程において、納税者の明示した調査対象税目以外の税目の非違につながる事実（端緒）を把握し、当該他の税目を調査対象に追加する旨を明示した場合には、納税者は当該他の税目について、当然に「調査があったことを認識していた」と判断できることから、法65⑤等に規定する「調査があったことにより」に当たるものと考えられます。

　他方で、追加する税目を明示する前に、当該税目に係る非違について修正申告等が提出された場合は、通常、「（納税者は）調査があったことを認識していた」と立証することは困難と考えられます。

　ただし、過去の裁決・裁判例に照らせば、その追加する税目についても、「調査」が行われていたと客観的に評価できるなど特段の事情がある場合には、当該追加する税目（納税義務）について「（納税者は）調査があったことを認識していた」と判断できる場合もあると考えられます。

〜〔以下略〕〜

「情報　課税処分に当たっての留意点」（平成25年4月　大阪国税局　法人課税課）【情報公開法第9条第1項による開示情報】

〔TAINS H250400課税処分留意点〕

181頁〜

２　更正予知に関する留意事項

(1)　更正予知の意義

　更正の予知に関しては、国税通則法第65条第５項で「修正申告書の提出があった場合において、その提出が、その申告に係る国税についての調査があったことにより当該国税について更正があるべきことを予知してされたものでないときは、適用しない。」とあるとおり、調査があったことにより更正予知をしたものでない修正申告には加算税を課さないこととなる。

(2)　更正予知の要件

　「調査があったことにより更正があるべきことを予知した」とは、すなわち「調査により客観的に相当程度の蓋然性がある段階に達した後に、更正に至るべきことを認識した」ということを要件とするもので、具体的には「調査に着手」と「非違の端緒となる事実を発見し、納税者が更正のあるべきことを予知できる可能性があるもの＝つまり具体的な指摘」があったものと言い換えることができる。

～〔中略〕～

(3)　更正予知の有無の具体例

　イ　他税目・他期間の課程で非違が発見された場合

　調査宣言をしていない期間、税目について修正申告が提出された場合については、調査宣言のみで、調査があったかどうかを判断するものではなく、修正申告が出てきた状況と個々の事案の内容を踏まえて、更正を予知したものかを判断する。

～〔以下略〕～

第2章

国税通則法66条

《無申告加算税》

通則法66条各項の関係

> 7項…期限内申告をする意思があったと認められる場合で一定の要件を満たす場合は、無申告加算税を課さない。

> 1項…無申告加算税が課せられる要件
> 1号…期限後申告等　　　　　　　　（基本税率　　　　　10%
> 2号…期限後申告等の後の修正申告等　　自発的期限後申告等　5％）

ただし書…期限内申告書提出がなかったことについて正当な理由がある場合には課さない

> 2項…無申告が大きい部分の加重

> 3項…2項で使用される用語の意義

4項…過去5年以内に同じ税目に対して無申告加算税又は重加算税が課された（徴収された）場合	5項…正当な理由がある場合	6項…自発的期限後申告等であり、かつ「調査通知前」
税率が10%加重される	その部分には課さない	基本税率が5％になる

> 無申告加算税が課される部分

> 財産債務調査等に係る加重又は軽減

　通則法66条は、期限後申告書の提出や決定^(*)があった場合、そして、その後さらに修正申告書の提出や更正があった場合に無申告加算税が課せられることを規定しています。

（＊）　決定
　　　税務署長は、納税申告書を提出する義務があると認められる者が当該申告書を提出しなかつた場合には、その調査により、当該申告書に係る課税標準等及び税額等を決定する。ただし、決定により納付すべき税額及び還付金の額に相当する税額が生じないときは、この限りでない（通則法25）。

　1項は、無申告加算税の賦課要件について、2項及び3項は、無申告の税額が大きかった場合の加重計算に関する規定です。また、4項は、過去5年以内に同じ税目に対して無申告加算税又は重加算税を課されたなどの事実がある場合に、基本税率に10％加重した税率で無申告加算税が課す旨を規定しています（重加算税にも同趣旨の条項が加わりましたので、本書P207で解説しています。）。

　そして、5項は、期限後申告等の後に修正申告等をした場合に課せられる無申告加算税について、正当な理由がある場合には、その部分には無申告加算税を課さない旨を規定しています。さらに、6項は、期限後申告書の提出が調査通知前でかつ決定を予知してされたものでない場合（以下、「自発的期限後申告」といいます。）には、無申告加算税を課さない旨を規定しています。

　平成28年度税制改正によって、1項には、自発的期限後申告の場合には、基本となる税率が10％になる旨の規定が設けられました。改正前は、無申告加算税の基本税率は15％のみで、自発的期限後申告の場合には、無申告加算税は5％で課されていました。しかし、現在は、自発的期限後申告の場合には、基本税率15％よりも一段階低い税率10％で無申告加

算税が課されることになっています。そして、従前のように無申告加算税が5％となるのは、自発的期限後申告であるだけでなく、それが調査通知よりも前の期限後申告であることの要件が加わりました。なお、当初申告のコンプライアンスを高める趣旨から設けられた4項が加わり、改正前の4項以降は条項番号が一つずつ後ろにずれました。

〈無申告加算税の対象（原則として ◯ の部分）〉

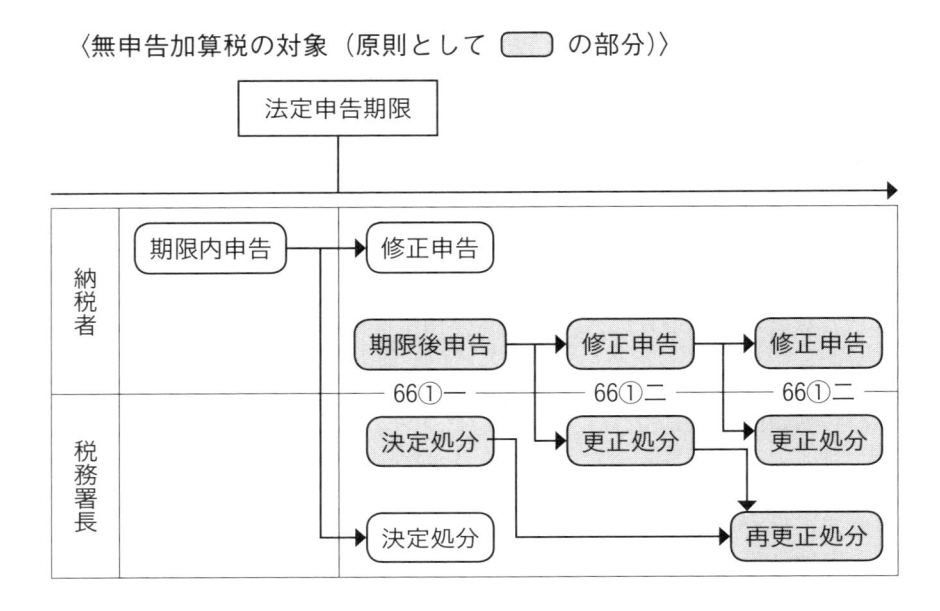

（注）
　　期限後申告書の提出があった場合において、期限内申告書の提出がなかったことについて正当な理由がある場合（通則法66①ただし書）、および、期限内申告書を提出する意思があったと認められる場合で一定の要件に該当する場合（通則法66⑦）には、無申告加算税ではなく過少申告加算税の対象となります。

2　通則法66条１項

要件	次の各号のいずれかに該当する場合には、
	期限後申告書の提出又は第25条（決定）の規定による決定があつた場合
	期限後申告書の提出又は第25条の規定による決定があつた後に修正申告書の提出又は更正があつた場合
効果	当該納税者に対し、
	当該各号に規定する申告、更正又は決定に基づき第35条第２項（期限後申告等による納付）の規定により納付すべき税額に100分の15の割合（期限後申告書又は第２号の修正申告書の提出が、その申告に係る国税についての調査があつたことにより当該国税について更正又は決定があるべきことを予知してされたものでないときは、100分の10の割合）を乗じて計算した金額に相当する無申告加算税を課する。
例外	ただし、期限内申告書の提出がなかつたことについて正当な理由があると認められる場合は、この限りでない。

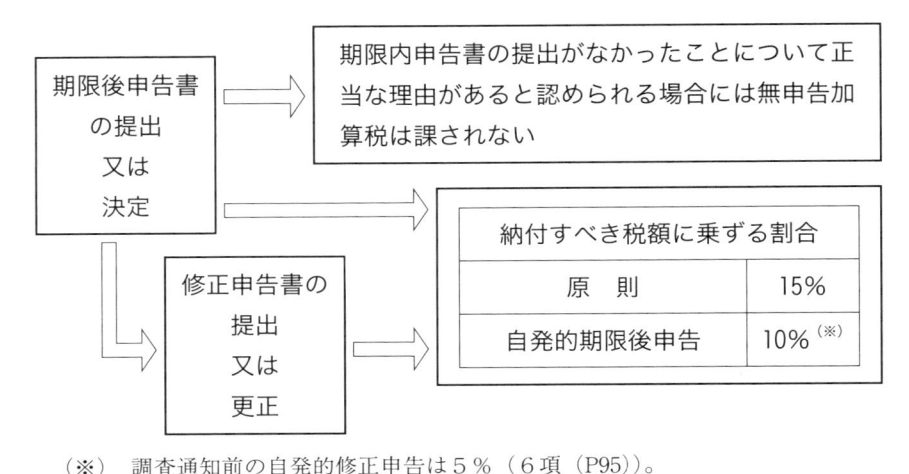

（※）　調査通知前の自発的修正申告は５％（６項（P95））。

【１】　期限後申告書

〔ポイント〕

　申告書が法定申告期限までに提出されたか否かは、無申告加算税の賦課要件の一つですから、その判断にあたり申告書の効力発生が到達主義か否かが問題となることがあります。民法（97条１項）は到達主義を定めますが、申告書提出については、納税者間の地理的な差異による不公平への考慮等から、郵便又は信書便により提出された納税申告書は、通信日付又はそれに準ずる日に提出があったものとみなされます（通則法22条）。

　ただし、運送事業者の宅配便や郵便局の「ゆうメール」は郵便又は信書便には該当しませんので、到達した時にその効力が生じます（事例40）。

　なお、記載事項が具備された申告書様式の写しを徴収職員に提出したことをもって、確定申告書の提出ということはできません（事例41）。

《事例40》 「ゆうメール」で送った申告書は到達主義

（国税不服審判所平成25年７月26日裁決　国税不服審判所ホームページ）

〔事案の概要〕

　本件は、郵便局の「ゆうメール」により提出された所得税の確定申告書が、法定申告期限の翌日の平成24年３月16日に原処分庁に到達したことから、納税者に無申告加算税が課せられた事例です。納税者は法定申告期限内に提出されたとみなされるべきであると主張しましたが、以下のとおり認められませんでした。

判断の要旨	・……郵便法、内国郵便約款及びポスパケット約款等の規定等によれば、ゆうメールは、郵便法に規定する「郵便物」である第一種ないし第四種郵便物には該当せず、ゆうメールによる役務の提供は、荷物の運送であって、郵便法上の「郵便」には該当しないこととなる。 ・……以上のとおり、ゆうメールにより運送された本件申告書は、通則法第22条に言う「郵便物」又は「信書便物」には該当しないから、同条の規定は適用されない。したがって、民法上の意思表示の一般原則たるいわゆる到達主義（民法第97条第１項）により、当該書類の到達の時にその効力が発生するものと解される。そして、本件申告書が原処本分庁に到達した日は、平成24年３月16日であることから、本件申告書は、同日に原処分庁に提出されたこととなり、法定申告期限を経過して提出された期限後申告書である。

〔参考〕

　宅配便に関する同旨の裁決として、平成15年11月７日裁決（裁決事例集No. 6、１頁）があります。

　なお、何が信書に当たるのかについては、総務省のホームページで説明されて

います。（http://www.soumu.go.jp/yusei/shinsho_guide.html）

《事例41》 納付相談のための資料の提示等であって確定申告書の提出が あったと評価することはできないとされた事例

| × | 〔非公表裁決〕

（国税不服審判所平成28年11月９日裁決　FO-5-185）

　本件は、法人（審査請求人）の代表者が徴収職員に、消費税等の分割納付の相談のために、消費税の申告書の様式に各記載事項を記載したものの写し（本件書面）を提示し、職員がそれを納税者ファイルに綴っていたことをもって、確定申告書の提出があったと主張された事例です。

　審判所は、職員が本件書面を確定申告書として収受したものではなく納付相談の資料として扱っている事などから、本件書面の提示をもって確定申告をしたものと評価することはできないと判断しました。

【2】　正当な理由

〔ポイント〕

　通則法66条の「正当な理由」の解釈は、基本的には同法65条の「正当な理由」と同様ですので本書11頁以降をご参照ください。

　以下では、特に、無申告加算税に関する「正当な理由」で納税者の主張が認められた事例を紹介します。

　まず、郵便物の通信日付が思いもよらず翌日付となった事例や（事例42)、遺留分のない相続人が自らの相続取得分は無いと考えて相続税の申告書を提出していなかった事例では、後発的相続分については正当な理由が認められています（事例43)。また、遺産内容を知ることを妨害されていたと納税者が主張したケースでは、そのような事情そのものが

認められておらず（事例44）、相続財産の全容を知らなくとも、その価額が基礎控除額を超えることを認識できた相続人は、申告義務を免れることはできないとされています（事例45）。

　税務官庁の対応等に関しては、納税者が必要な手続が完了したと思い込んだことには無理からぬところがあるとして正当な理由を認めた事例がありますが（事例46）、税務署での相談に際して正確な資料を提示したとは言えないケースについては、納税者自身が責を負うべきであるとされています（事例47）。

　なお、法定納期限までに消費税相当額を納付したものの、法定申告期限までの申告書提出を失念したケースでは、正当な理由が認められませんでした（事例48）。

　無申告加算税の趣旨や、その「正当な理由」に関する法解釈は、たとえば次のように判示されています。

> 　無申告加算税は、無申告による納税義務違反の事実があれば、原則としてその違反者に対し課されるものであり、これによって、当初から適法に申告し納税した納税者との間の客観的不公平の実質的な是正を図るとともに、無申告による納税義務違反の発生を防止し、適正な申告納税の実現を図り、もって納税の実を挙げようとする行政上の措置である（福岡地裁平成23年１月20日）。

> 　いわゆる正当な理由とは、無申告加算税が租税債権確定のために納税義務者に課せられた税法上の義務の不履行に対する一種の行政上の制裁であるところからすれば、かような制裁を課することを不当もしくは酷ならしめるような事情を指すものと解するのが相当である（大阪地裁昭和43年４月22日）。

《事例42》 窓口に郵便物を出して翌日の通信日付となった
ことにつき「正当な理由」を認めた事例 　[○]

（東京地裁平成17年12月16日 　判タ1222号172頁）

〔事案の概要〕

　本件は、納税者（甲）が所得税の確定申告書を確定申告期限の最終日に郵便局の窓口に差し出したにもかかわらず、翌日の通信日付が押印されたため、期限後申告として扱われた事案です。裁判所は、下線部分のように、甲の行動には無理からぬところがあるとして正当な理由を認めました。

事実関係等 の要旨	・甲が確定申告期間の最終日である平成16年３月15日の午後４時50分前後ころ、申告書の入った郵便物を、○郵便局の郵便窓口に差し出したこと、その際、郵便局職員から通信日付印につき助言、注意等はされなかったこと、○郵便局前のポストの最終収集時間は午後６時50分と同ポストに表示されていたが、同郵便局の郵便窓口で差し出した郵便物にも収集時間があることや、その最終収集時間が何時であるかが一般利用者にとって分かるように表示されていることはなかったことが認められる。 ・……来庁せずに郵便により確定申告をすることができること、郵便による申告が望ましい方法であると一般に宣伝、広報されていることは公知の事実である。また、申告期限が近い時期に多数の納税申告書が提出されており、最終日にも相当数の納税申告書の提出があることも、公知の事実である。そして、我が国において、郵便物による郵便業務一般について国民の信頼が高いことは公知の事実であり、国税通則法２条が設けられて、申告期限の最終日に郵便によって発送された申告

	書についても、通常は期限内申告として取り扱われているため、なおさら一般納税者としては、とにかく申告期限の最終日までに郵便局の窓口に確定申告書を提出すれば、期限内申告になるはずであると信じていたとしても無理からぬところである。
判断の要旨	…甲としては、<u>とにかく申告期限の最終日までに郵便局の窓口に確定申告書を提出すれば、期限内申告になるはずであると信じていたとしても無理からぬところである</u>。他方、業務時間内に郵便局の窓口へ普通郵便物を提出しても、無集配局である場合には、集配局まで搬送されないと通信日付印が押されないとか、場合によっては、翌日の通信日付印になってしまうなどといったことは、……国民の多くが広く知っている常識であるということはできない。
	以上を勘案すると、前記認定に係る事実関係の下では、原告が、○郵便局の業務時間内に郵便窓口で差し出した郵便物につき、当日の通信日付印が付き、当日提出のものとして取り扱われるものと信じて何ら疑わず、同郵便局前のポストに投函したり、集配局に提出するなどの措置を試みなかったことは、<u>やむを得ないところがあって、責めることができず、これを期限後申告であるとして、無申告加算税を課するのは酷であるというべきである</u>。したがって、本件には、<u>国税通則法66条1項ただし書きにいう「正当な理由」があると認めることができる</u>。
上　　訴	控訴
審　　級	控訴審　東京高裁平成18年4月20日〔控訴棄却〕 上告審　最高裁平成18年9月21日〔上告不受理確定〕

コラム 相続税の期限後申告の特則

　相続税については、当初は納付すべき相続税額がないために申告書を提出する必要がなかった者であっても、相続人の認知、胎児の出生、遺言書の発見等により、新たに相続税額が生じて納税義務者となる場合があります。そのような場合、相続税法30条は、期限後申告書の提出を認めると規定しています。同法は、相続税法32条1項1号から6号に規定する事由が生じたために新たに納付すべき相続税額があることとなった場合に適用されますが、通達は、次の①から⑦のような場合を例示しています（参照：相続税法基本通達30-1）。

① 　法第55条《未分割遺産に対する課税》の規定により分割されていない財産について民法（第904条の2を除く。）の規定による相続分又は包括遺贈の割合に従って課税価格が計算されていた場合において、その後当該財産の分割が行われ、共同相続人又は包括受遺者が当該分割により取得した財産に係る課税価格が当該相続分又は包括遺贈の割合に従って計算された課税価格と異なることとなったこと。

② 　民法第892条及び第893条の規定による相続人の廃除に関する裁判の確定、同法第884条《相続回復請求権》に規定する相続の回復並びに同法第919条第2項の規定による相続の放棄の取消しがあったこと。

③ 　遺留分による減殺の請求に基づき返還すべき、又は弁償すべき額が確定したこと。

④ 　遺贈（被相続人からの相続人に対する遺贈に限る。）に係る遺言書が発見され、又は遺贈の放棄があったこと。

⑤ 　相続若しくは遺贈又は贈与により取得した財産についての権利の帰属に関する訴えについての判決があったこと。

⑥ 　民法第910条《相続の開始後に認知された者の価額の支払請求権》の規定による請求があったことにより弁済すべき額が確定したこと。

⑦ 　条件付の遺贈について、条件が成就したこと。

　また、相続税法30条の特則による期限後申告書に係る相続税額の延

滞税については、当該期限後申告書が提出された日までの期間は、延滞税の計算期間から除外することとされています（相続税法51条2項1号ハ）。さらに、これに該当する税額部分に係る無申告加算税については、次の事例43のとおり、正当な理由があると認められています。

《事例43》　遺留分のない相続人が期限後申告書を提出したことに「正当な理由」を認めた事例　○×

（国税不服審判所平成元年6月8日裁決　裁決事例集第37集1頁）

〔事案の概要〕

　被相続人の妹である本件の納税者（甲）は、遺留分がなく、第三者に遺産を遺贈する旨の遺言書があったことから、自己には相続取得分がないと判断して相続税の申告書を提出していませんでした。しかし、甲は、遺産分割協議に基づき相続開始から数年後に金銭を受領したため申告書（本件申告書）を提出しました。これに対して課税庁は、甲は相続を放棄していなかったから期限内申告書の提出義務者に該当するとして、無申告加算税を課しました。審判所は、甲の取得した家庭用動産等を除く後発的な相続分については相続税法30条の期限後申告書の性格を有しているとして「正当な理由」を認めました。

事実関係等の要旨	• 本件の遺産総額は、相続税の基礎控除額を上回っている。 • 被相続人の妻及び甲は、A子を相手方として遺産に関する紛争調停を申し立て、①A子が受遺者であることを確認し、②A子は遺贈の一部である不動産を放棄し、③妻が当該不動産を取得する代わりに、妻から甲には遺産分割の調整金として5,500万円が支払われた。

| 判断の要旨 | ・甲は、家庭用財産及び国税還付金のうち法定相続分である４分の１に相当する額は、被相続人の死亡と同時に承継したと認められる（（筆者要約）から、それについては申告期限内に申告する義務があった）。
・（（同要約）甲が取得した調整金は、Ａ子が遺贈の一部を放棄したことによって初めて取得したものであると認めるのが相当であるから、）本件申告書は相続税法51条２項１号の規定の趣旨に照らし、同法30条に規定する期限後申告書の性格を有していると認めるのが相当である。
・本件申告書は、相続税法30条の期限後申告書の性格を有しているものと認められ、甲には、後発的相続分を申告期限内に申告すべき義務はなかったというべきであるから、（（同要約）相続税法30条にあたる場合などは、行政上の制裁に値しないものとして、無申告加算税を課すべきでないと解するのが相当であり、）その無申告加算税の趣旨に照らせば、行政上の制裁の必要性はないと解され、このことから期限内申告書の提出がなかったことについて通則法66条１項ただし書に規定する正当な理由があると認められる場合に該当する。 |

《事例44》　他の相続人から遺産内容を知ることを妨害されたとの主張が認められなかった事例　×　〔確定〕

（仙台地裁昭和63年６月29日　訟月35巻３号539頁）

　本件は、被相続人の非嫡出子であった納税者（甲）が、被相続人の死亡後に認知の訴えの確定によって相続人の地位を得たものの、法定申告期限までに相続税の申告をしませんでした。そこで、課税庁は、甲に対し、無申告加算税を課しました。

　甲は、他の相続人から遺産内容を知ることを妨害されたために相続税の申告が必要であったかどうかさえ知り得なかったのであり、相続人の地位を得た日を、「相続の開始があったことを知った日」とするのでは、公平妥当性を著しく欠くから、期限内申告書の提出がなかったことにつき「正当な理由」がある旨等を主張しました。しかし、本件の事実関係によると、認知の訴え確定後、甲が遺産分割協議書と相続税申告書の内容を知ったのは、法定申告期限前でした。このようなことから、裁判所は、本件において甲が遺産の内容について法定期限内に申告することを要求することが不可能であった事情は窺われず、かえって、本件では甲は他の共同相続人の相続税の申告書の写しを遺産目録として添付して遺産分割の調停を申し立てており、甲は法定期限までに相続税の申告書を提出することが可能であったものと認めることができ、単なる申告義務の懈怠であり「正当な理由」のないことは明らかであると判断しました。

《事例45》　相続財産が基礎控除額を超えることを認識しえたとした事例 ☒ 〔控訴審で確定〕

（神戸地裁平成5年3月29日　行集44巻3号306頁）

　本件の納税者（甲）は、相続税の申告書を法定申告期限内に提出できなかったのは、他の共同相続人が相続財産を秘匿するなどして相続財産の全貌を知ることができなかったためであると主張しました。

　裁判所は、本件では判明していた相続財産の価額が基礎控除額を超えることを相続人が認識することができたのであり、そのような場合には申告義務を免れることはできないとして、無申告加算税の賦課決定処分を適法としています。

《事例46》　税務署の一連の対応からみて「正当な理由」があると された事例 ◯

（大阪地裁昭和43年４月22日　行集19巻４号691頁）

〔事案の概要等〕

本件では、土地建物を譲渡した納税者（甲）が税務署に呼び出され、そこで居住用財産の買換特例の適用を受けたい旨申し出て、必要な手続を担当者に代行してもらっていました。そのため甲は、申告が完了したと思っていたところ、実際には申告書の提出がされていなかったために無申告加算税が課せられました。裁判所は、次のとおり処分を取り消しました。

| 事実関係等の要旨 | ・甲は、昭和37年２月下旬頃、呼出に応じて△税務署に出頭して、土地建物の譲渡に関する契約書等を呈示して事情を説明し、その際、居住用買換資産を取得する予定であるので居住用財産の買換の特例の適用を受けたい旨の意向を伝えた。
・担当係員は、買換の特例の適用を受けるためには、買換資産に関する明細を記載した申請書を提出して所轄税務署長の承認を求める必要があるとの返答をし、申請書を取り出し、その申請人欄に納税者みずから署名押印するよう指示したうえ、その他の所定の事項を納税者に代って記載し、その承認の申請事務を代行した。
・同年３月５日付で税務署長から見積額等を承認する旨の承認書が甲に送付され、同年９月27日頃には、買換により取得した財産の利用状況等について回答を求める旨の照会文書が送付されてきたが、当時、譲渡所得に関する申告手続等に通じていなかった甲としては、確定申告書の提出期間中に税務署より呼出しを受けて、 |

	担当係員に求められるまま前記申請書に署名押印し、その申請事務を代行してもらったからには、これによって必要な手続はすべて完了したに相違ないものと思い込み、それ以上なんらの手続もとらずに放置していた。
判断の要旨	・ （（筆者要約）△税務署の担当係員が、甲の居住用財産の買換特例の適用を受けたい旨の意向に対して、買換財産の取得価額の見積額等を記載した申請書の提出事務のみを代行したにとどまり、確定申告書用紙を甲に送付して期限内に提出するよう指導したり、確定申告書の提出について言及するところがなかったのは）、担当係員として行き届いた態度であつたとはとうてい認めることができず、また、甲が上記認定のように思い込んで、期限内に確定申告書を提出しなかつたのは誠に無理からぬところであるといわざるをえないのであつて、したがつて、確定申告書の提出がなかつたことを理由に、これが税法上の義務の不履行にあたるものとして行政上の制裁を課することは原告にとつてきわめて酷であるといわなければならない。
上　　訴	なし〔確定〕

《事例47》　資料の提示不足で生じた税務署職員の指導誤りは同職員の責に帰すべきものではないとされた事例　☒

（福岡地裁平成元年6月2日　税資170号630頁）

〔事案の概要〕

　本件の納税者（甲）は、分離短期譲渡所得に係る確定申告をするに当たり、税務署職員に相談したところ、譲渡所得は損失となるので確

定申告の必要はない旨の指導を受けたとして、無申告につき「正当な理由」があると主張しましたが、認められませんでした。

判断の要旨	…正当な理由の存否について判断するに、甲が、〇税務署において、担当職員から、昭和55年分及び同56年分の所得税については確定申告の必要はない旨の指導を受けたことは当事者間に争いがないところ、甲が右各年分の所得税について別表一記載のとおりの額の所得税納税義務を負うことは先に認定してきたとおりであるから、右担当職員の指導が客観的には誤ったものであつたことは認められるけれども、本件訴訟の経緯等に照らすと、原告が右相談に際して正確な資料を提示したとは到底考えられず、したがつて、右指導の誤りが、税務署職員の責に帰すべきものであつたとはいえず、むしろ甲自身が責を負うべきものであると推認されるので、正当な理由の存在は認めることができない。
上　　訴	控訴
審　　級	控訴審　福岡高裁平成3年2月28日〔棄却、確定〕

《事例48》　消費税を法定納期限までに納付したことに
「正当な理由」を認めなかった事例　　☒〔確定〕
（大阪地裁平成17年9月16日　税資255号順号10134　関西電力事件）

〔事案の概要等〕

　本件は、法人である納税者が消費税の確定申告書の提出を失念したまま当該確定申告書に係る国税を納付して、法定申告期限を過ぎてから申告書を提出したために無申告加算税（約12億円）が課せられた事

例です。

　納税者は、通則法66条１項ただし書の「正当な理由」に該当する旨のほか、納税者がした納付が当該確定申告に係る予納として扱われて、申告書が提出された後にその国税に充当されたことから、加算税を賦課する根拠がなくなっている旨及び納付書の提出等が「瑕疵ある申告」とみなされるべきである旨を主張しましたが、いずれの主張も認められませんでした。

3　通則法66条４項

要件	第１項の規定に該当する場合（同項ただし書若しくは第７項の規定の適用がある場合又は期限後申告書若しくは第１項第２号の修正申告書の提出が、その申告に係る国税についての調査があつたことにより当該国税について更正又は決定があるべきことを予知してされたものでない場合を除く。）において、
	その期限後申告書若しくは修正申告書の提出又は更正若しくは決定があつた日の前日から起算して５年前の日までの間に、その申告又は更正若しくは決定に係る国税の属する税目について、
	無申告加算税（期限後申告書又は同号の修正申告書の提出が、その申告に係る国税についての調査があつたことにより当該国税について更正又は決定があるべきことを予知してされたものでない場合において課されたものを除く。）又は重加算税（第68条第４項（重加算税）において「無申告加算税等」という。）を課されたことがあるときは、
効果	第１項の無申告加算税の額は、同項及び第２項の規定にかかわらず、これらの規定により計算した金額に、第１項に規定する納付すべき税額に100分の10の割合を乗じて計算した金額を加算した金額とする。

　本項は、当初申告のコンプライアンスを高める観点から、平成28年度税制改正により新たに設けられたものです。期限後申告等があつた日前５年以内に同じ税目に対して無申告加算税又は重加算税を課せられたり

していた場合には、基本税率に10％上乗せした税率で加算税が課せられます。これは、平成29年１月１日以後に法定申告期限又は法定納期限が到来する国税からの適用です。したがって、同日以後に申告等をしたものでも法定申告期限等が同日より前に到来する申告等については本条項の適用はありません。

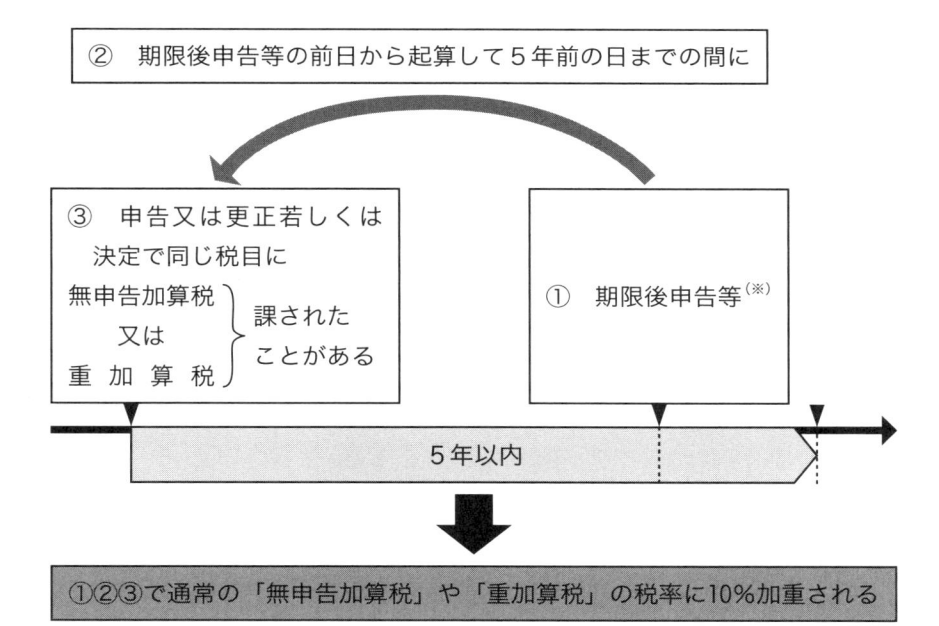

②　期限後申告等の前日から起算して５年前の日までの間に

③　申告又は更正若しくは決定で同じ税目に
無申告加算税
又は
重　加　算　税
}課された
ことがある

①　期限後申告等[※]

５年以内

①②③で通常の「無申告加算税」や「重加算税」の税率に10％加重される

（※）　期限後申告等とは、①期限後申告書又は修正申告書の提出（更正又は決定を予知してされたものに限る）、②更正又は決定の処分、③納税の告知又は告知を受けることなくされた納付をいう。

加算税の区分	期限後申告等があった日前５年以内に同じ税目に対して無申告加算税又は重加算税を課された（徴収された）ことの有無	
	無	有
無申告加算税	15% 〔20%〕	25% 〔30%〕
重加算税（過少申告加算税に代えて課されるもの又は不納付加算税に代えて徴収されるもの）	35%	45%
重加算税（無申告加算税に代えて課されるもの）	40%	50%

（注）〔　〕書きは、加重される部分（50万円を超える部分）に対する加算税割合を表します。

4　通則法66条6項

要件	期限後申告書又は第1項第2号の修正申告書の提出が、その申告に係る国税についての調査があつたことにより当該国税について更正又は決定があるべきことを予知してされたものでない場合において、
	その申告に係る国税についての調査通知がある前に行われたものであるときは、その申告に基づき第35条第2項の規定により納付すべき税額に係る第1項の無申告加算税の額は、
効果	同項及び第2項の規定にかかわらず、当該納付すべき税額に100分の5の割合を乗じて計算した金額とする。

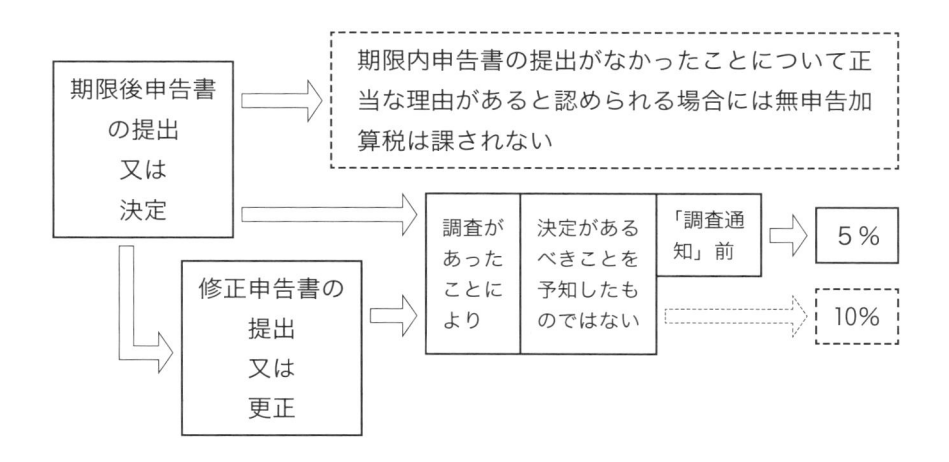

本条項は、徴収事務の能率性及び自発的期限後申告等へのインセン

ティブといった趣旨から、自発的期限後申告については、無申告加算税を軽課する（5％）ことを定めるものです。

　平成28年度税制改正前は、「調査通知」前であることの要件はなく、単に「調査があったことにより更正があるべきことを予知したものではない」ことが、無申告加算税の軽減要件でした。改正の趣旨は、通則法65条5項と同じです（P39参照）。

　なお、「調査通知」後で「更正を予知しない」場合は、1項の適用により、基本税率15％が10％に軽課されます。

【1】　国税についての調査

〔ポイント〕

　単なる申告書用紙等の送付は調査に当たるとされていませんが（事例49）、課税庁が申告書の提出について問い合わせをした直後に申告書が提出されたケースでは、更正予知に当たると判断されています（事例50）。

　そして、納税者が税務署に呼び出されたケースでは、行政指導ではなく「調査」であると判断され（事例51）、税理士が納税者の代わりに税務署に面談に行ったケースでも、税務代理権限証書は提出されていませんでしたが、「調査」であると判断されました（事例52）。

　なお、通則法66条6項の決定予知の解釈は、通則法65条5項（P39〜）と同様ですので、併せて確認してください。

《事例49》　事実関係からみて調査があったとは認めがたいとされた事例　　〇

（国税不服審判所昭和46年3月25日裁決　TAINS J02-1-01）

〔**事案の概要等**〕

　本件は、審査請求人（甲）が、相続税の申告期限の1週間後に期限後申告をしたところ、課税庁が申告期限よりも10日ほど前に申告書用紙等を送付しており、そのことが調査に当たるとして、無申告加算税を課したものです。

　審判所は、そもそも調査があったとは解せないとして、課税庁の主張を退けました。

事実関係の要旨	・甲は相続開始後間もなく、相続税の申告事務を税理士に依頼していたが、他方、課税庁が相続財産である不動産の課税価格の算定等の作業を行ったということは証拠上認められない。 ・課税庁が実地調査又は面談調査等の具体的な調査や納税相談等を行ったという事実は認められない。 ・課税庁が甲に対して申告書等を送付したのは申告期限の約10日前で、他方、甲の申告は申告期限の1週間後には適正な内容をもって行われている。
判断の要旨	…上記認定の事実関係によると、そもそも課税庁が本件につき調査を行ったこと自体これを認め難いのみならず、仮に内部的に何等かの調査検討を行ったとしても、法の趣旨に照らし、実地あるいは面接調査など外部からこれを認識しうべき具体的な調査等の行われていない限り、ここにいう「調査」があったものと解することができない……甲の申告は、結論として自発的に行われた申告と看るのが相当である。

《事例50》　申告書を提出したかの電話確認を受けて申告したことが決定予知に当たるとされた事例　☒

（国税不服審判所平成９年９月30日裁決　裁決事例集No. 54、72頁）

〔事案の概要〕

　本件は、同族会社である審査請求人（甲）が、期限後申告となった地価税について無申告加算税が課せられたことについて争った事例です。甲は、申告書の提出の有無に関する確認が行われたにすぎないから決定予知に当たらないと主張しましたが、認められませんでした。

判断の要旨	…甲は、関与税理士が法定申告期限前に作成した平成７年分の地価税の申告書について、その内容を了解した上で記名押印して当該申告書の作成を了し、その提出方を関与税理士に依頼して交付しており、当該申告書に係る地価税の全額を法定申告期限内に納付しているものの、<u>課税庁は、甲の同年分の地価税の課税価格を甲に係る資料等から算定した結果、申告義務があると見込まれたこと</u>から法定申告期限前に当該申告書等の用紙を甲に送付し、法定申告期限内に同年分の地価税の申告書が提出されていないことを内部資料によって確認した上、関与税理士の事務所職員に電話で同年分の地価税について申告書の作成を甲から委任されているか、また、<u>地価税の申告書を提出しているか問い合わせを行っており、地価税申告書が提出されたのは課税庁から税理士が問い合わせを受けた直後であることからすると、「調査があったこととき」に該当せず、「予知してされた」と認められる。</u>

《事例51》　原処分庁職員が調査のために納税者を呼び出したものである と判断された事例　　　⊠〔非公表裁決〕

（国税不服審判所平成27年2月24日裁決　TAINS F0-3-428）

　課税庁職員は、相続税の申告書に記載された3年以内贈与加算の内容から、審査請求人（甲）が、平成24年中に本件被相続人から現金の贈与を受けたことを把握し、面談のために甲を呼び出しました（平成25年10月28日）。甲は、その際「修正申告等について」と題する書面を受け取り、その控えに署名押印し、面談3日後の同月31日に期限後申告書を提出しました。

　請求人は、面談は行政指導であって調査ではない旨を主張しましたが、審判所は、課税庁職員が面談時に教示文^(*)を示し、本件の贈与の事実を確認し、課税標準及び税額を認定した上で期限後申告を勧奨しているから、自発的な期限後申告を要請したもの（行政指導）とは認められない（つまり「調査」である。）と判断しました。

　（＊）　本件の教示文（「修正申告等について」）の要旨

○　期限後申告書を提出した場合には、その期限後申告により納付すべき税額のほか、無申告加算税及び延滞税が課されます。

○　期限後申告書を提出した場合には、その期限後申告により納付すべき税額及び延滞税についてはその期限後申告書を提出した日までに、無申告加算税については当該加算税に係る賦課決定通知書が発せられた日の翌日から起算して1月を経過する日までに納付しなければなりません。

○　期限後申告書を提出した場合には、その期限後申告に係る不服申立てはできません（無申告加算税の賦課決定処分については不服申立てをすることができます。）。

○ 期限後申告書を提出した場合には、更正の請求ができる期間内においては更正の請求をすることができます。

○ この書面は、通則法第74条の11第３項の規定により交付するものです。

《事例52》　本件税理士は税務代理権限証書を提出していなかったが、税務署職員との面接に関する一定の委任契約が納税者との間で成立していたと判断した事例 ☒

（国税不服審判所平成26年７月28日裁決　J96-1-01）

〔事案の概要〕

課税庁職員は、本件土地が贈与を登記原因として審査請求人（甲）に所有権移転登記がされたことを把握し、請求人に「贈与税の申告について」と題する書面（「本件書面」）を送付しました（平成25年５月10日付）。本件書面には、①請求人の平成24年分の贈与税の申告の要否について調査を行う旨、②本件書面のほか、贈与を受けた不動産の登記関係書類、及び当該不動産の所在、地積、形状が確認できる書類等を持参の上、平成25年５月23日午後１時頃にＢ税務署に来署を求める旨、③お尋ねしたい事項として「ａ市ｂ町○－○所在の土地について」の記載がありました。

本件税理士が甲の代わりに担当職員と面接し、後日、甲は贈与税の期限後申告書を提出したところ無申告加算税が賦課されたため、甲は、決定を予知したものではないとして、その取消しを求めて争いました。

審判所は、甲の主張を認めず、原処分は適法であると結論づけています。

事実関係の要旨	・平成25年5月23日、甲は本件税理士に来署を求められている旨を連絡するとともに本件書面を税理士にファックス送信した。 ・同日、本件税理士は担当職員に連絡をして面接日を決めた。 ・同月28日、本件税理士は、担当職員と面接後、甲を訪問したが不在であったために、甲の配偶者に贈与税の申告が必要である旨説明した。 ・6月7日、期限後申告書と税務代理権限証書が提出された。
判断の要旨	……以上によれば、課税庁職員は、税務署内において資料の確認や検討をすることにより、請求人の平成24年分の贈与税の申告が必要であると見込まれると判断していることが認められ、また、担当職員は、本件税理士と面接し、資料の交付や説明をするとともに、請求人の平成24年分の贈与税の申告が必要である旨の説明をし、……これら原処分庁所属の職員及び本件担当者の一連の行為は、課税庁が行う課税標準等又は税額等を認定するに至る一連の判断過程であると認められる。したがって、本件においては、「調査」があったと認められる。 　本件期限後申告書の提出に至る事実によれば、請求人は、平成25年5月28日に本件税理士が請求人宅を訪れ、請求人の配偶者に請求人の平成24年分の贈与税の申告が必要である旨を説明した時から遅くとも同年6月7日に本件期限後申告書を提出した時より前までの間に、請求人が平成24年中に本件土地の共有持分を贈与により取得したことについて平成24年分の贈与税の期限後申告が必要であることを認識するに至り、このまま当該期限後申告をしなければ決定されるであろうことを予知し、その

上で本件期限後申告書を提出したものと認められる。(したがって、本件期限後申告書の提出は、決定予知に当たる。)

(本件税理士が甲の代理人ではない旨の甲の主張について) 本件税理士と甲の間では、平成25年５月28日の時点において、少なくとも、本件税理士が、甲に係る贈与税の申告の要否についての税務署での面接において、甲に代理又は代行して応答し、当該面接の内容を甲に報告するという内容の委任契約が成立していたものと認められる。

したがって、平成25年５月28日の面接の際には税務代理権限証書を提出していないから当該面接時には本件税理士が甲に代理して本件担当者の質問検査権の行使を受けたことにならない旨の甲の主張には、理由がない。

5　通則法66条7項

要件	第1項の規定は、期限後申告書の提出が、その申告に係る国税についての調査があつたことにより当該国税について第25条の規定による決定があるべきことを予知してされたものでない場合において、
	期限内申告書を提出する意思があつたと認められる場合として政令で定める場合に該当してされたものであり、
	かつ、法定申告期限から1月を経過する日までに行われたものであるときは、
効果	適用しない。

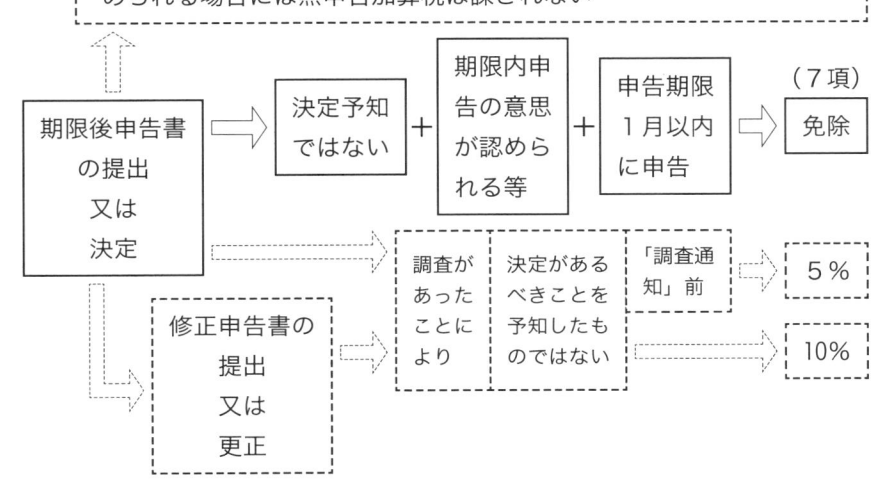

　本条項は、事例48（関西電力事件）の後、平成18年度税制改正により設けられました。法人税について申告書の提出期限の延長を受けていた場合に、消費税についても申告書の提出期限が延長されているものと誤解するケースは珍しくありません。そのように納税はしたものの申告書の提出を忘れていたといったケースの大部分は、現在は、本条項により救済されることになります。

　具体的な要件の概要は次のとおりです。

• 期限後申告書の提出が自発的なものである（決定予知ではない）こと
• 期限内申告書を提出する意思があったと認められる一定の場合（内容としては、次の①〜③の全ての条件を満たすこと）に当たること（通令27の２①）
① 　自発的な期限後申告書を提出した日の前日から起算して５年前の日までの間（過去５年以内）に、同税目について無申告加算税又は重加算税を課されたことがないこと
② 　過去５年以内に通則法66条７項の無申告加算税の不適用の規定の適用を受けていないこと
③ 　この期限後申告に係る税額の全額が法定納期限までに納付されていること
• 法定申告期限から１月を経過する日までにこの期限後申告書の提出がされたこと

6　無申告加算税の税率と計算例

〈税率の概要〉

無申告加算税の基本税率（1項）		納税額の15%
	決定予知ではない期限後申告（1項括弧書）	納税額の10%
	期限後申告になったことに正当な理由がある（1項但書）	加算税がかからない
期限後申告の税額が50万円（原則）超のときの超える部分（2項）		5％加重
過去5年以内に無申告加算税又は重加算税の賦課があった（4項）		10％加重
5項（65条4項準用）	「正当な理由」に係る部分	加算税の対象から除く
	減額更正後の増額更正につき当初申告部分	
調査通知前かつ決定予知ではない期限後申告（6項）		納税額の5％
期限後申告書を提出する意思があった一定の場合（7項）		加算税がかからない
財産債務調書等のペナルティ		5％加重
財産債務調書等のインセンティブ		5％軽減

（例１） 調査予知前に決定予知ではない期限後申告により税額405,000円を納付した（通則法66⑥）。

　　　　　405,000円→400,000円（10,000円未満切捨て）
　　　　　400,000円×５％＝20,000円（無申告加算税）

（例２） 期限後申告により納付すべき税額が400,000円であった。

　　　　　増差税額　400,000円＜500,000円　∴２項適用なし
　　　　　400,000円×15％＝60,000円（無申告加算税）

（例３） 期限後申告により納付すべき税額が2,000,000円であった。

　　　　　2,000,000円＞500,000円　∴２項適用あり
　　　　①　2,000,000円×15％＝300,000円
　　　　②　（2,000,000円－500,000円）×５％＝75,000円
　　　　　　①　＋　②　＝375,000円（無申告加算税）

（例４） 過去に期限後申告書を提出し、その納付すべき税額が3,000,000円
　　　　　今回、修正申告書を提出し、納付すべき税額が401,000円であった場合の
　　　　　加算税（通則法66①二）

　　　　　3,401,000円（累積納付税額）＞500,000円[※]　∴２項適用あり
　　　　　401,000円→400,000円（10,000円未満切捨て）
　　　　①　400,000円×15％＝60,000円
　　　　②　400,000円×５％＝20,000円
　　　　　　①　＋　②　＝80,000円（無申告加算税）

（例５） 国外財産調書を提出すべきであった者は、同調書を提出期限までに提出していなかった。相続税は基礎控除以下であると考えて、申告書を提出していなかったところ、海外預金を相続財産に含めると基礎控除を上回ることに気付いて、期限後申告書を提出し（調査通知前であり、かつ決定予知には当たらない。）、併せて国外財産調書の期限後提出をした。期限後申告書の提出による納付すべき相続税額は401,000円であった。

　　　　　国外財産調書を期限後に提出した場合であっても、決定予知に当たらなければ、期限内に提出したものとみなされて国外送金等調書法の無申告加

算税等の特例（5％の軽減措置）が適用される。通則法上の無申告加算税は5％であるが（通則法66⑥）、5％の軽減措置により、結果的に無申告加算税はゼロとなる（国送法6①④）。

（例6）　当初申告について期限後申告となったが、期限後申告になったことについて正当な理由があると認められたために無申告加算税は賦課されなかった（通則法66①但書）。今回、その申告に関して修正申告書を提出し、その納付すべき税額は、200,000円であった。

$$200,000円 \times 10\%^{（*）} = \underline{20,000円}（過少申告加算税）$$

（＊）　無申告加算税ではなく、過少申告加算税の対象（通則法65①第2括弧書）である。

第3章

国税通則法67条

《不納付加算税》

1 通則法67条各項の関係

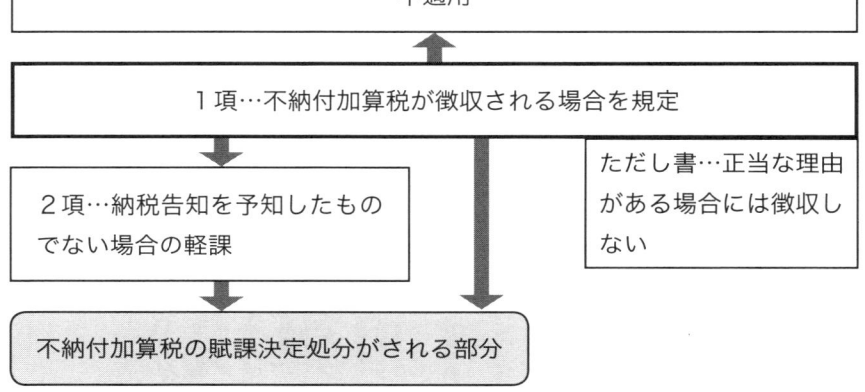

〔概説〕

　通則法67条は、源泉徴収に係る税額納付が適正に行われなかった場合の不納付加算税について規定しています。通則法65条及び66条が「賦課する。」と規定するのと異なり、67条が「徴収する。」と規定しているのは、源泉徴収義務者が国に納付しない場合に、国は、徴収義務者を相手に強制徴収手続を進めることとなっているからです（通則法36①二）。

　1項は、課税要件と税額の計算及び正当な理由がある場合は不納付加算税を徴収しない旨を規定し、2項は納税告知を予知しない場合の軽課を規定しています。そして、3項は納付する意思があった場合で法定納期限から1月以内に納付された場合には、不納付加算税を徴収しない旨を規定しています。

　なお、平成28年度税制改正は、当初申告のコンプライアンスを高める観点からのものであったため、通則法67条（不納付加算税）の改正はありませんでした。

2　通則法67条１項

要件	源泉徴収による国税がその法定納期限までに完納されなかつた場合には、
効果	税務署長は、当該納税者から、第36条第１項第２号（源泉徴収による国税の納税の告知）の規定による納税の告知に係る税額又はその法定納期限後に当該告知を受けることなく納付された税額に100分の10の割合を乗じて計算した金額に相当する不納付加算税を徴収する。
例外	ただし、当該告知又は納付に係る国税を法定納期限までに納付しなかつたことについて**正当な理由**[1]があると認められる場合は、この限りでない。

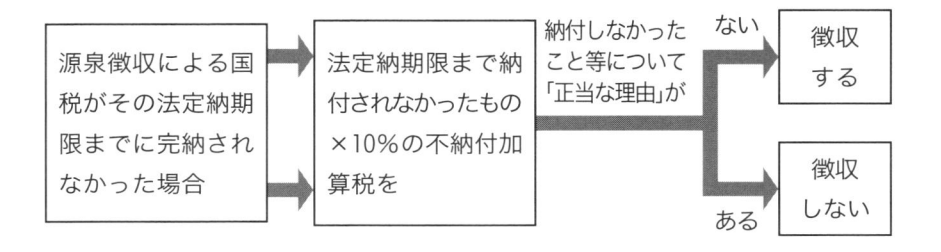

【1】　正当な理由

〔ポイント〕

　本条項は、通則法65条や66条の「正当な理由」と基本的には同じ解釈であり、前回調査時に誤指導があった場合には正当な理由は認められて

います（事例53）。しかし、給与の受給者の居住者判定や（事例54）、非居住者に支払った不動産賃借料（事例55）など源泉徴収制度特有の事情による事例もあります。そして、年度調整の際に十分な確認を怠ったために住宅借入金等特別控除額が過大になったケースや（事例56）、税法上の取扱いが変更になり不納付が生じたケース（事例57）では、正当な理由は認められていません。

　また、社会福祉法人の理事長が権限を濫用して法人から金員を得ていたケースでは、それが理事長の給与所得に当たるとして不納付加算税が課せられています（事例58）。

　なお、過去の源泉所得税の納付遅延について不納付加算税が徴収されなかったことをもって、今回の納付遅延に不納付加算税が徴収されないことの理由にはなりません（平成9年4月25日裁決等）。

《事例53》　外注費として支払われた金員は給与等に該当するが税務署職員の誤指導に係る部分は源泉所得税の不納付に「正当な理由」が認められるとした事例　○×〔非公表裁決〕

（国税不服審判所平成22年6月23日裁決　TAINS F0-1-405）

　本件では、ダクト取付等工事業を営む請求人（甲）が外注費として支払った金員が給与等に当たるとして源泉所得税の納税告知処分及び不納付加算税の賦課決定処分が行われました。また、消費税等についても仕入税額控除が否認されて更正処分等が行われました。

　審判所は、本件金員が給与等に当たると判断しましたので、これによれば甲には源泉徴収義務があることになります。

　しかし、審判所は、本件の調査（平成20年調査）に先立つ平成16年の税務調査の際、その調査担当者が十分に事実関係を確認しないまま、外注費と速断したという事実を認定しました。そして、本件の事実関係か

らすると、平成16年調査が行われる前の平成16年10月までの支払分について源泉所得税を徴収しなかったことは、甲の税法の不知によるものにすぎないが、それ以降の支払分について源泉所得税を徴収しなかったことは、平成16年調査の担当職員の指導を受けたことに基づくものであるから正当な理由があると認められるとして誤指導に係る部分の加算税は取り消しました。

《事例54》 給与受給者が居住者か否かは源泉徴収義務者が 判断すべきとされた事例 ☒

(神戸地裁平成２年５月16日　税資176号785頁)

〔事件の概要等〕

　本件は、給与の支払者であった法人（甲）が、香港在留証明が添付された「給与所得者の扶養控除等（異動）申告書」を提出した給与の受給者（Ｘ）を非居住者として取り扱って源泉徴収を行っていたところ、課税庁からＸが居住者に当たるとして、同人の役員報酬に係る納税告知処分を受けた事例です。裁判所は、まず、Ｘが居住者に当たると判断し、次に、納付告知については、甲とＸの関係等から通則法67条１項ただし書の正当な理由があるとはいえないと判断しました。

判断基準等	……源泉徴収義務者は、通常、多数の受給者（被用者）を抱えているため処理すべき源泉徴収の事務が膨大であるうえに、課税要件の充足について実質的に調査する強制的権限を全く有しない現状を鑑みると、受給者の申告内容に特に不審な点がない場合、これに基づき納付税額を正しく算出している限り、後に納税告知を受けた場合でも、この告知に係る税額を法定納期限までに納付しなかったことについて正当の理

	由（国税通則法67条1項但書）があると言うべきである。
判断の 要旨	Xは、甲に対し、Xが昭和51年以来香港に在住する旨の在香港日本国総領事作成の在留証明書を添付して、住所を右のとおりとする「昭和57年分給与所得者の扶養控除等（異動）申告書」を提出したことが認められる。しかしながら、他方、前叙のとおり、Xは昭和57年3月から同年12月までの間甲の代表取締役であつたこと、甲は、昭和57年3月31日付けで原処分庁からXを居住者とした納税告知を受け、Xの住所に関する原処分庁の判断を知つたことをも総合考慮すると、甲は、本件告知に係る納付税額について、同告知の前に、<u>Xと個別に連絡するなどして臨機な対応をすることができたと言うべきであるから、前記正当の理由があると評価することはできない。</u>
上　　訴	控訴
審　　級	控訴審、大阪高裁平成3年9月26日〔（不納付加算税）棄却、上告〕 上告審　最高裁平成5年2月18日〔棄却、確定〕

《参考》

　本件の控訴審でも結論が維持されていますが、そこで大阪高裁は、「支払者は、受給者の申告に従って扶養親族等に該当するものとして扶養控除等して納付している限り、後に税務署長の調査等により扶養親族等に該当しないことが判明したため、納税告知を受けたとしても、この告知にかかる税額を法定納期限までに納付しなかったことについて正当の理由があると解される。」と判示しています。つまり、扶養親族等に関しては、受給者の申告に従っている限りは源泉徴収義務者の責任を問わないという立場をとっていますが、本件で問題となった納税義務者が居住者か非居住者かについては、支払者が、通常受給者の国内外の滞在状況等を把握しており、実質的な判断をすることが可能であるということを理由に正当な理由は認められないと判断しています。

〔課税庁の考え方〕

　加算税通達の一つである「源泉不納付通達」第1の1（巻末P248）は、源泉所得税を法定納期限までに納付しなかった場合の「正当な理由」の事例を示しています。その内容によれば、扶養親族等の把握において源泉徴収義務者の責めに帰すべき事由があると認められないとき等は正当な理由が認められています。

　また、税法の不知若しくは誤解又は事実誤認に基づくものが正当な理由に当たらないとされているのは過少申告加算税等と同様です。

《事例55》　非居住者に該当することとなった賃貸人に対する賃借料の支払いの際に源泉徴収をしなかったことについて「正当な理由」が認められるとした事例　　〇

（国税不服審判所平成25年5月21日裁決　国税不服審判所ホームページ）

　本件の審査請求人（甲）は、店舗及びその敷地を賃借し、毎月賃借料を支払っていました。賃貸借契約締結時の賃貸人は居住者でしたが、平成23年11月29日以後、非居住者に該当することになりました。この賃貸人は、平成24年3月21日付の「非居住者に対する源泉徴収の免除証明書」（＊）の交付を受け、これを管理人を通して平成24年4月に甲に提示しました。

　証明書の有効期間は発行の日から平成25年3月21日までとなっていましたので、甲が平成24年1月と2月に振り込んだ2か月分賃借料に関しては、源泉徴収は免除されないということです。甲はこの証明書の提示を受けて、直ちに2か月分賃料に係る源泉徴収税額を、納付しましたが、不納付加算税が課せられため、その処分取消しを求めて審査請求をしました。

　原処分庁は、甲には本件店舗等の賃借料の支払の都度、当該賃貸人が

居住者か非居住者かを確認する義務があり、請求人は、単にその確認を怠ったものであると認められるから、「正当な理由があると認められる場合」には当たらない旨主張しました。しかし、審判所は、不動産の賃借料の支払の都度、居住者・非居住者の別を確認することを義務付けた明文の規定はなく、また、本件のように、賃貸人等との接触をほとんど必要としない取引について、そのような煩雑な手続を採ることが必要であるとするのは合理的でないと述べました。

　さらに、甲は、賃貸人が非居住者に該当することになったことを直ちに知り得る状況になかったこと、源泉所得税の納付が法定納期限後となった原因は、賃貸人からの連絡が遅れたためであると認められると判断しました。そして、「正当な理由があると認められる場合」に該当すると結論づけました。

　（＊）　源泉徴収免除制度
　　　国内に恒久的施設を有する外国法人又は非居住者が、納税地の所轄税務署長から源泉徴収の免除証明書の交付を受け、この証明書を国内源泉所得の支払者に提示した場合には、その証明書の有効期間内にその支払者が支払う国内源泉所得のうち特定のものについては、源泉徴収を要しないこととされています（所得税法第180条、第214条）。

《事例56》　請求人は従業員の住宅借入金等特別控除申告書の内容について通常程度の確認等を怠ったのであって「正当な理由」は認められないと判断された事例　　☒

（国税不服審判所平成25年９月18日裁決
国税不服審判所ホームページ　J92-1-03）

　請求人（甲）の年末調整担当者は、住宅借入金等の借換えがあった場合に調整計算が必要なことは認識していましたが、従業員から提出された住宅借入金等特別控除申告書の記載内容を十分にチェックしていませ

んでした。

　審判所は、甲が源泉徴収義務者として従業員から提出された事項に関して通常程度の注意や確認等を行いさえすれば、借換えの有無等を把握した上で適切に計算できたはずであると述べました。そして、控除額の過大について甲の責めに帰すべき事由があると判断して、正当な理由を認めませんでした。

《事例57》 　税制改正によって源泉徴収義務者となったことにつき 「正当な理由」は認められないとした事例 ☒

（東京地裁昭和51年７月20日　訟月22巻９号2295頁）

〔事件の概要等〕

　本件は、ホステスに対する報酬等が税制改正によって申告制から源泉徴収制になったことに伴い、源泉徴収義務者において不納付が生じた事例です。裁判所は、次のとおり「正当な理由」を認めませんでした。

判断基準等	国税通則法67条１項ただし書にいう「正当な理由」とは、同条に規定する不納付加算税が適正な源泉徴収による国税の確保のため課せられる税法上の義務の不履行に対する一種の行政上の制裁であることにかんがみ、このような制裁を課すことが不当あるいは過酷とされるような事情をいい、法定納期限までの不納付の事実が単に納税義務者の法律の不知あるいは錯誤に基づくというのみでは、これにあたらないというべきであるが、<u>必ずしも納税義務者のまつたくの無過失までをも要するものではなく</u>、諸般の事情を考慮して過失があつたとしてもその者のみに不納付の責を帰することが妥当でないような場合を含むものと解するのが相当である。

判断の 要旨	……事実を総合すれば、本件法人は、法改正によりホステスに支払つた報酬等の所得税が源泉徴収制となり、原告が徴収及び納付義務を負うことになつたことについて、遅くとも本件処分の対象たる源泉所得税のうち最初に法定納期限が到来する昭和45年1月分の報酬等の支払いのときまでには、これを知り得る機会が十分にあつたものであり、その後も同様であつたと推認できるのであつて、仮に原告が本件処分の対象たる源泉所得税についての徴収及び納付義務の存在をその報酬等を支払つた当時知らなかつたとすれば、この点について原告に過失のあることは到底否定できないものというべきである。 　……右のような双方の事情を斟酌対比してみても、なお原告が被告から不納付の事実を指摘されるまでもなく、本件処分の対象となつた所得税の源泉徴収義務の存在を、その最初の法定納期限までに十分知り得べき状況にあつたものであることを否定しえない以上、被告が不納付を指摘しなかつたとの事実は原告の本件源泉所得税の不納付の正当理由の有無の判断についてさほどの影響を与えるものではないというべきであるから、右の不納付につき原告に正当な理由があるものとは認められないといわざるをえない。
上　訴	控訴
審　級	控訴審、東京高裁昭和52年2月28日〔棄却、確定〕

《参考事例》
　国税不服審判所昭和55年3月11日裁決（TAINS J19-1-02）は、いわゆるストリップショウの出演料に係る源泉徴収が問題となった事例です。報酬等の支払者は、源泉徴収の必要はないとの税理士の説明を信じて、それまで源泉徴収していたことを中止したものの、その解釈に疑義を持ったので税務署の担当職員に源泉徴収を行うべきかどうか検討してほしい旨を申し立てました。しかし、その回答がな

かったため、税務署長に対して上申書を提出するなどしていました。審判所は、それらの事情に通則法67条１項に規定する正当な理由があると判断しました。

《事例58》 社会福祉法人の理事長が不正行為により当該法人から得た金員が給与と認定された事例 ○→×→×

（大阪高裁平成15年８月27日　税資253号順号9416　TAINS Z253-9416）

〔事件の概要等〕

社会福祉法人（甲）の理事長（Ｘ）は、甲に架空債務を計上するなどして甲から金員（本件金員）を得ていました。原処分庁は、Ｘが甲の代表者として権限を濫用して自らの給与を支給したもので、甲との関係ではＸの債務不履行又は不法行為であっても、それが給与所得にならないとはいえないとして、源泉徴収に係る所得税の納税告知処分（給与認定）を行いました。

甲は、別件訴訟で本件金員をＸから甲に返還すべきことが確定していること、理事会がＸの不正経理を許容した事実はないことなどを理由に、本件金員は給与所得に当たらない旨主張しました。

裁判所は、Ｘが甲の実質的な支配権を有していたことなどから、本件金員の移動は、甲の意思に基づくものであり、甲がＸに対して経済的利益を与えたとみるのが相当であると判断しました。また、本件金員の移動が違法ないし私法上無効であるとしても、所得税法上はＸの所得であるともされています。

なお、甲は給与所得ではなく一時所得又は雑所得である旨も主張していましたが、その主張も認められませんでした。この点について判決は、Ｘの甲における地位、権限、実質的に有していた全面的な支配権に照らせば本件金員の移動、すなわち、被控訴人協会の金員を甲からＸの口座に送金したことは、甲の意思に基づくものであって、甲がＸに対し、経

済的な利得を与えたものとみることができると述べています。裁判所は、
明確な当てはめをしていませんが、この部分が給与所得該当性の判断を
示すものと解されます。

行為者	社会福祉法人の理事長（X）
主な 事実関係	Xは、甲の実質的創始者であって（甲の設立費用のうち1億6,826万円を寄付し、敷地も贈与している。）、設立当初からの理事であり、また、甲の設立母体である社会福祉法人Cの創立者でもあり、傘下の3つの学校法人の理事を兼任していた。Xが理事長をしていた当時、Xに反対する理事はおらず、その指示は絶対的であって、Xは、ワンマン代表者として甲を実質的に支配していた。 　Xや甲の施設長らは、甲の給食材料費の水増計上をしたりするなどの不正経理をしたり、甲に架空債務の返済などとして甲からXに金員を流出させた。
審級	第一審、京都地裁平成14年9月20日〔全部取消し、控訴〕 上告審、最高裁平成16年10月29日〔棄却・不受理、確定〕

（参考）
　本件の第一審京都地裁では、納税者が勝訴していました。京都地裁は、本件金員がXの所得となることは認めましたが、所得税法183条《源泉徴収義務》1項の「支払の際」の意味に照らして、本件金員の移動は、法人としての甲の当時の客観的な意思に反していたものというべきで、これを甲がXに支払ったとみるのは無理であるという考えに立ちました。そして、甲の源泉徴収による納税義務は、所得税法183条1項の支払の際に発生すると解されるものの、本件金員の移動は、この要件に当たるとまでは認められないとの判断を下しました。

3　通則法67条３項

要件	第１項の規定は、前項の規定に該当する納付がされた場合において、その納付が法定納期限までに納付する意思があつたと認められる場合として政令で定める場合[*]に該当してされたものであり、かつ、
	当該納付に係る源泉徴収による国税が法定納期限から１月を経過する日までに納付されたものであるときは、
効果	適用しない

政令で定める場合[*]については、次のとおりです（通令27の２②）。

　法第67条第３項（不納付加算税）に規定する法定納期限までに納付する意思があつたと認められる場合として政令で定める場合は、同項に規定する納付に係る法定納期限の属する月の前月の末日から起算して１年前の日までの間に法定納期限が到来する源泉徴収による国税について、次の各号のいずれにも該当する場合とする。
１号　法第36条第１項第２号（納税の告知）の規定による納税の告知（法第67条第１項ただし書に該当する場合における納税の告知を除く。）を受けたことがない場合
２号　法第36条第１項第２号の規定による納税の告知を受けることなく法定納期限後に納付された事実（その源泉徴収による国税に相当する金銭が法定納期限までに法第34条の３第１項（第１号に係る部分に限る。）の規定による委託に基づき納付受託者に交付されていた場

> 合及び当該国税について法定納期限までに同項（第２号に係る部分
> に限る。）の規定により納付受託者が委託を受けていた場合並びに法
> 第67条第１項ただし書に該当する場合における法定納期限後に納付
> された事実を除く。）がない場合

　上記の２号の括弧書きの法第34条の３は、「納付受託者に対する納付
の委託」の規定で、同条２項が不納付加算税に関する規定です。同項１
号は、いわゆるコンビニ納付、２号は、クレジットカード納付のことで
す。つまり、法定納期限までにクレジット納付した場合には、法定納期
限後の納付であっても２号には該当しないということです。

　また、１号は、正当な理由（通則法67①ただし書き）に該当する場合
については、法定納期限後の納付であっても同号に該当しないと定めて
いますが、個人的な事情は、正当な理由に当たらず、本条項の適用はあ
りません（事例59）。

　なお、次に掲げる場合は、原則として「告知があるべきことを予知し
てされたもの」には該当しません（源泉不納付通達２）。

　１　臨場のための日時の連絡を行った段階で自主納付された場合

　２　納付確認（臨場によるものを除く。）を行った結果、自主納付され
　　た場合

　３　説明会等により一般的な説明を行った結果、自主納付された場合

　67条３項は、「政令で定める場合」において、過去１年以内に期限後
納付等をした者を除外した上で、法定納期限から１か月以内に自発的に
期限後納付した者を救済する趣旨の規定です。ここでは、調査通知の有
無は要件とされていません。

　なお、この規定は、平成18年度税制改正で、無申告加算税に関する同趣旨の規定（通則法67⑦）と同時に設けられたものです。

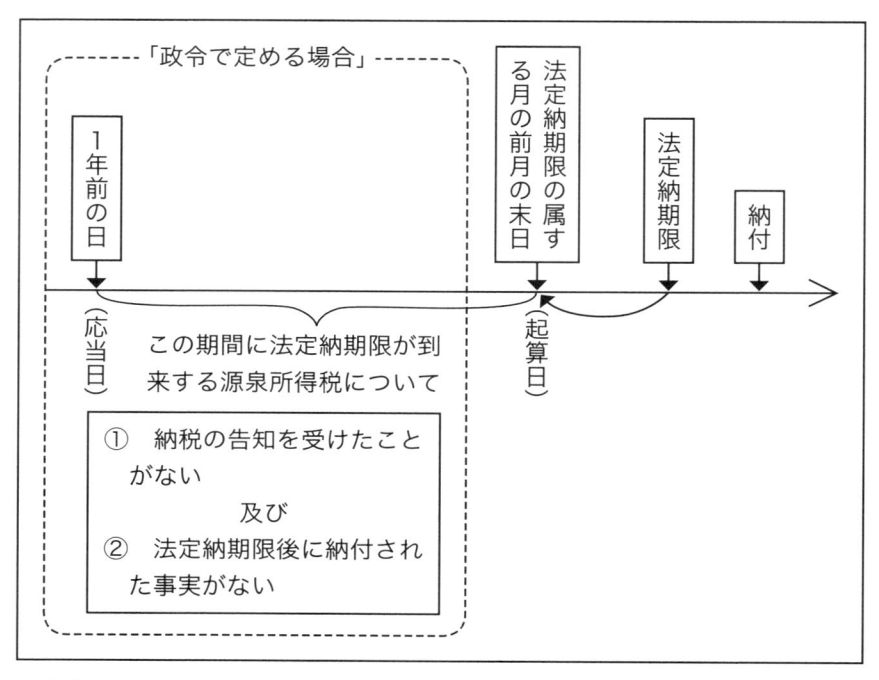

（＊）　たとえば、法定納期限が１月10日ですと、起算日（「法定納期限の属する月の前月の末日（通令27の２②)」）は12月31日で、応当日は１年前の12月31日ということになります。

《事例59》　電子納付が1日遅れになったことに「正当な理由」はなく67条3項の適用はないとされた事例　☒

（国税不服審判所平成24年4月18日裁決　TAINS F0-2-651）【非公表裁決】

　請求人（法人）は、その代表者が法定納期限当日に電子申告・納税システムのダイレクト納付の方式により源泉所得税を納付しようとしましたが、利用時間外であったために利用できず、翌日に改めてダイレクト納付を行ったため、不納付加算税の賦課決定処分が行われました。

　請求人は、1日遅れで納付したことは、通常業務の中で発生し得るものであるから、理由を問わず正当な理由があると認められる場合に当たる旨、過去1年以内に法定納期限後の納付をした事実はあるが、今回の源泉所得税に係る不納付加算税の額は5,000円未満で免除の対象となる旨等を主張して、処分の取消しを求めました。

　審判所は、請求人の主張を認めず、本件で法定納期限から1日遅れて納付したのは、請求人代表者が有給休暇を取得していたという個人的な事情によるものにすぎず、正当な理由は認められないと判断して、3項（免除規定）の適用はないと結論付けました。

4 不納付加算税の税率と計算

　不納付加算税は、源泉徴収により納付すべき税額を法定納期限までに納付しなかった場合に、本税に対して10％（更正予知ではない場合には5％）の税率で課せられます。

　ただし、正当な理由がある場合や、法定納期限までに納付する意思があったと認められるものとしての一定の要件を満たす場合には、不納付加算税は課せられません。

〔1〕告知予知ではない（2項）	5％
〔2〕　正当な理由がある場合（1項但書）	徴収しない
〔1〕以外の告知又は法定納期限後納付（1項）	10％
〔3〕法定納期限までに納付する意思があったと認められる一定の場合（3項）	徴収しない

（例1）　源泉徴収による国税についての納税の告知処分による納付すべき税額が109,000円のとき。

　　　109,000円→100,000円（10,000円未満切捨て）
　　　100,000円×10％＝10,000円（不納付加算税）

（例2）　源泉徴収による国税についての納税の告知処分による納付すべき税額が9,000円のとき。
　　　0円（不納付加算税）

　※　附帯税の計算をする場合に、その計算の基礎となる税額の全額が10,000円未満の場合は、その全額を切り捨てることとされている（通則法118③）。

（例３）　源泉徴収による国税120,000円を法定納期限後に納付したが、告知を予知したものではない（２項）。

　　120,000円×５％＝6,000円（不納付加算税）

（例４）　源泉徴収による60,000円を法定納期限後に納付したが、告知を予知したものではない（２項）。

　　60,000円×５％＝3,000円　＜　5,000円　∴ ０円

　※　計算した不納付加算税が5,000円未満であるときは、切り捨てることとされている（通則法119④）。
　　なお、5,000円未満かどうかの判定は、所得の種類ごとに、かつ、法定納期限の異なるごとに判定するとされている。

留意点

　次の３つの要件を満たす場合は、３項適用により不納付加算税は徴収されない。
①　源泉徴収による国税が、納税告知を受けることなく自主的に納付されたこと。
②　その納付が、その法定納期限までに納付する意思があったと認められる一定の場合（通令27の２②）に該当すること。
③　その納付が、その法定納期限から１月を経過する日までに納付されたものであること。

第4章

国税通則法68条

《重加算税》

1 通則法68条各項の関係

1項…過少申告加算税に代えて課する重加算税の要件
2項…無申告加算税に代えて課する重加算税の要件
3項…不納付加算税に代えて徴収する重加算税の要件

4項…過去5年以内に同じ税目に対して無申告加算税又は重加算税が課された（徴収された）場合の10%加重

重加算税の賦課 基本税率（1項35%、2項40%、3項35%）

〔概説〕

通則法68条は、過少申告加算税や無申告加算税が課せられる要件を満たす場合や、不納付加算税が徴収される要件を満たす場合に、不正行為があったときの各加算税の加重について規定しています。

同条1項は、過少申告加算税に代えて重加算税を課す場合の要件を、2項は、無申告加算税に代えて重加算税を課す場合の要件を、3項は、不納付加算税に代えて重加算税を徴収する場合の要件を規定しています。これらは、過少申告加算税が課されること等が前提となっており、その上で、国税の課税標準等又は税額等の計算の基礎となるべき事実の全部又は一部を隠蔽し、又は仮装することを課税要件としています。したがって、過少申告加算税等の課税要件を満たしていなければ、重加算

税が課せられることはありませんし、重加算税の課税要件を満たしていることをもって、過少申告加算税等の課税要件を満たすことにもなりません^(注1)。また、重加算税には正当な理由により重加算税を課さないといった規定がないことにも留意しなければなりません^(注2)。

そして、重加算税は、過少申告加算税等に相当する部分を含んでいると解されていますので、重加算税の賦課決定処分において、過少申告加算税等の賦課要件は満たしているが、重加算税の賦課要件を満たさないと判断されれば、過少申告加算税等の相当額を超える部分だけが取り消されることとなります^(注3)。

通則法68条各項の条文構成は共通していますので、事例は、過少申告加算税に代えて課される重加算税（1項）と無申告加算税に代えて課される重加算税（2項）を区別せずに取り上げます。

なお、判決等を引用した部分を除き、以下では通則法68条1項の隠蔽・仮装行為を「隠蔽等」といいます。また、重加算税の賦課決定処分は、必要に応じて「重加」と略します。

（注1）
　　重加算税の賦課要件充足を理由に過少申告加算税は課せられない（国税不服審判所平成5年6月18日裁決　裁決事例集45集18頁）。

（注2）
　　過少申告加算税は、税法の解釈に関して公表されていた見解が改変されたため修正申告した場合とか、盗難品が予期せず返還されて修正申告した場合など、これを賦課するのが苛酷とされるような正当な理由がある場合には例外的に賦課しないとするのに対し、重加算税は事実の仮装隠蔽という脱税を意図した行為があったことを理由に重い税率の加算税を賦課するのであるから、仮装隠蔽したことについて正当な理由があるなどとして過少申告加算税におけるような例外を設ける意味がないからである（仙台高裁昭和58年5月31日　税資130号660頁）。

（注３）

　　重加算税の賦課決定処分の適否の判断をするに当たって、重加算税の課税要件は満たさないが過少申告加算税の課税要件を満たしているときは、重加算税の賦課決定のうち、過少申告加算税相当額に相当する額を超える部分だけを取り消すことができる（最高裁昭和58年10月27日　民集37巻８号1196頁）。

（例）

修正申告による過少申告加算税の額を80と見込んでいたが、増差の半分相当が重加対象となった。

うち、半分の40について重加対象として賦課決定処分された。

重加算税の取消しを求めて争ったところ、重加算税賦課決定処分が取り消された。そうすると、40の過少申告加算税を超える部分100（140－40）が取り消されることになる。

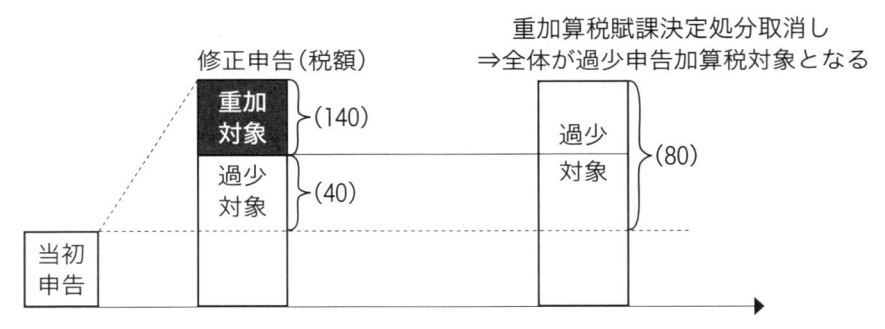

コラム

　日常的な実務に影響する可能性は低いのですが、平成29年度税制改正で、国税通則法68条から、「消費税等（消費税を除く。）」を重加算税の対象から除くという規定（平成28年度税制改正後の5項（旧4項））が削除されました（平成30年4月1日施行）。

　これは、国税犯則取締法の改正（国税通則法第11章として同法に編入）に伴う措置です。通告処分[*]の対象であった間接国税の犯則行為について、そのほとんどが改正によって通告処分の対象外となる一方で重加算税の対象となりました。

　なお、国税通則法でいう「消費税等」は、「消費税、酒税、たばこ税、揮発油税、地方揮発油税、石油ガス税及び石油石炭税」です（通則法2三）。つまり、改正前は、「消費税」は重加算税の対象で、それ以外の酒税等は重加算税の対象外でした。

（＊）　通告処分とは、犯則事件の調査によって犯則の心証が得られた時に、国税局長又は税務署長が罰金又は科料に相当する金額並びに没収品に該当する物品等を納付すべきことを犯則者に通知する処分をいいます。それを履行するかどうかは犯則者の任意ですが、通告を履行しない場合には、告発されて刑事訴追を受けることになります。

通則法68条1項

要件	第65条第1項（過少申告加算税）の規定に該当する場合（修正申告書の提出が、その申告に係る国税についての調書があったことにより当該国税について更正があるべきことを予知してされたものでない場合を除く。）において、
	納税者が【1：範囲】【2：行為者】
	その国税の**課税標準等又は税額等の計算の基礎となるべき事実**【3】の全部又は一部を**隠蔽し、又は仮装し**【4】、
	その隠蔽し、又は仮装したところに**基づき**【5】納税申告書を提出していたときは、
効果	当該納税者に対し、
	政令で定めるところにより、過少申告加算税の額の計算の基礎となるべき税額（その税額の計算の基礎となるべき事実で隠蔽し、又は仮装されていないものに基づくことが明らかであるものがあるときは、当該隠蔽し、又は仮装されていない事実に基づく税額として政令で定めるところにより計算した金額を控除した税額）に係る過少申告加算税に代え、当該基礎となるべき税額に100分の35の割合を乗じて計算した金額に相当する重加算税を課する。

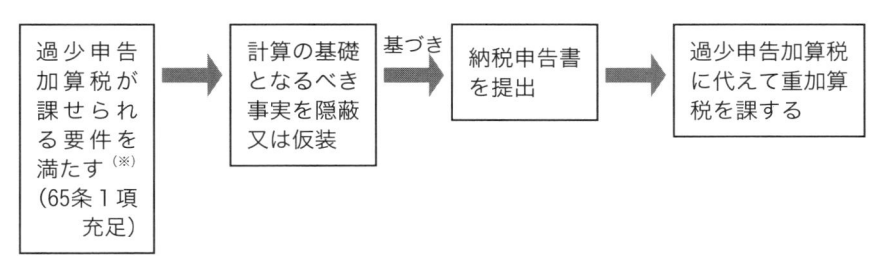

（※）　隠蔽仮装行為があっても、自発的に修正申告書を提出していれば、調査通
　　　知の有無にかかわらず、重加算税の要件は充足しません（１項括弧書）。

【1】　納税者の範囲

〔ポイント〕

　通則法68条１項は、「納税者」が主語ですから、この「納税者」の意
義や重加算税賦課の前提である同法65条（過少申告加算税）１項などの
「当該納税者」、すなわち、同法２条５号の「納税者」の意義が問題とな
ることがあります。これを狭く捉える立場からは、「納税者」とは、「国
税に関する法律の規定により国税を納める義務がある者」（通則法２五）
であるから、還付申告をした者については納税義務の増加があるわけで
はなく「納税者」には当たらないと解することができます（事例60の地
裁判決）。

　しかし、現在は、消費税課税事業者選択届出書を提出して還付申告を
した者についても「納税者」に当たると解されています（事例60）。

《事例60》 消費税の還付申告をした者も「納税者」に当たるとした事例

☒

（大阪高裁平成16年９月29日 訟月51巻９号2482頁）

〔事件の概要等〕

　本件において納税者（甲）は、自ら事業を行っていませんでしたが、勤務先の代表者に指示されて、勤務先がした輸出取引を自らがしたように仮装していました。そして、甲は、消費税の還付申告をして還付金を受領したため、更正処分により還付金の返還を求められた上に重加算税が課せられました。裁判所は次のように判示して「納税者」に当たらないという甲の主張を斥けました。

隠蔽等	甲は個人事業の開業等の届出書、消費税課税事業者選択届出書等を提出の上、消費税の申告書を提出した。
判断の要旨	前記の申告納税方式の意義（（筆者注）通則法16条１項１号引用）からすれば、本件還付申告の時点で、本件輸出取引について実体上の課税要件事実が発生していなくても、還付申告により、観念的・抽象的には、課税標準額に対する消費税額が０円、控除対象仕入税額及び控除不足還付税額が××円の納税義務が成立しているものというべきである。……以上によれば、甲は、本件還付申告の時点では、具体的な納税義務はないものの、還付金の額を確定する前提としての観念的・抽象的な納税義務はあり、これが本件更正処分により、還付金が減少されたことにより、納税義務が具体化したものというべきであるから、申告時点においても、被控訴人は、納税義務を負っている、すなわち「納税者」であると解して差し支えないものというべきであり、法２条５号及び65条１

	項の「納税者」に該当するものと認めるのが相当である。
上訴等	なし〔確定〕
審 級	第一審、京都地裁平成15年7月10日〔認容、控訴〕

《参考》

本件の重加算税の賦課決定処分については、地裁と高裁で結論が分かれました。

地裁では、過少申告加算税も重加算税も課することはできないと判断されました。その主な理由は、「還付申告の後に本件更正処分がされたことについて、還付金全額が減少することになるけれども、この減少は、還付申告をした甲について消費税の納税義務が発生したり、増加したことが判明したことによるものでないことは明らかであり、甲は、法65条1項の当該納税者ではないことはあきらかであ（る。）」といったものでした。

一方、高裁においては、申告行為によって形成された納税義務者としての地位が否定されるものではない等との法解釈のもと、過少申告加算税及び重加算税の賦課はいずれも適法であるとの判断が示されています。

【2】 行為者

〔ポイント〕

条文の文言に忠実に考えれば、通則法68条1項は「納税者が」と規定していますので、納税者以外の者がした隠蔽仮装行為は、同項の対象とならないとも解されます。

そして、裁判例では、重加算税の趣旨[注1]を踏まえて、本人以外の行為であっても、本人が意識的に第三者を利用して隠蔽仮装を実現したと評価できるケースや、本人が行為者に包括的な権限を与えていた場合に、通常の管理責任を果たしていないと評価できるようなケースでは、本人の行為と同視して、重加算税の要件は満たすと判断しています。具体的な判断構造としては、第三者の仮装行為を、納税者自身の行為と同

視するケース、納税者の管理責任等に言及するケース、行為者が納税者の代理人（注2）又は使者（注3）であったと認定するケースなどに類型化できます。さらに、行為者と納税者との関係、行為者の役割、納税者の払った注意の程度等が重要な要素となっています。

　なお、学説は、隠蔽又は仮装の行為者は、納税者本人に限定されていないとするものや〔武田〕、また、重加算税制度そのものがそもそも納税義務違反に対する行政制裁であること、かかる納税義務については、納税義務者本人以外の従業員等の補助者又は納税申告の委任を受けた代理人が当該国税の課税標準等の計算に従事すること等により履行されることが多いこと等から、行為者を納税者本人に限定することを予定していたものとは解し得ないとするものがあります〔品川〕。

　実務的には、調査担当者向けの課税庁の内部研修資料によれば（注4）、「従業員であっても、会社の主要な業務を任され、長期にわたる不正や多額な不正など会社が通常の注意をすれば容易に発見できる不正行為を管理監督しなかったために、これを見過ごし、結果としてこれを起因とする過少申告が生じた場合には、会社の行為と同視することができる。」といった記載が参考になります。また、本書の事例65の控訴審等を引用した上で税務調査の際には、管理監督責任に関して、不正行為者がどの範囲まで業務を任され、当該業務がどのようにチェックされていたか等について、「質問応答記録書」を作成するなどして証拠化しておく必要があるとしています。

（注1）　重加算税の趣旨
　　　国税通則法68条に規定する重加算税は、同法65条ないし67条に規定する各種の加算税を課すべき納税義務違反が事実の隠蔽又は仮装という不正な方法に基づいて行われた場合に、違反者に対して課される行政上の措置であつて、故意に納税義務違反を犯したことに対する制裁ではないから（最高裁昭和43年（あ）

第712号同45年９月11日第二小法廷判決・刑集24巻10号1333頁参照）、同法68条
１項による重加算税を課し得るためには、納税者が故意に課税標準等又は税額
等の計算の基礎となる事実の全部又は一部を隠蔽し、又は仮装し、その隠蔽、
仮装行為を原因として過少申告の結果が発生したものであれば足り、それ以上
に、申告に対し、納税者において過少申告を行うことの認識を有していること
までを必要とするものではないと解するのが相当である。（最高裁昭和62年５
月８日税務訴訟資料158号592頁等参照）。

（注２）　代理人
　　　代理人とは、代理をすることができる法律上の地位又は資格を有する人。代
　　理人は自ら意思を決定して表示するが、その行為の効果は本人に帰属する。

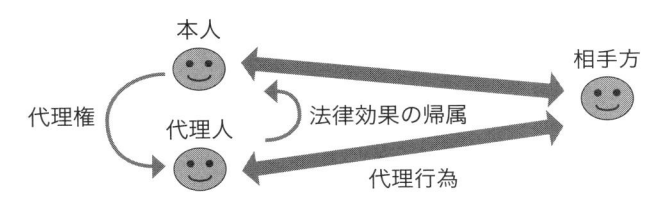

> 民法99条（代理行為の要件及び効果）
> 　代理人がその権限内において本人のためにすることを示してした意思表
> 示は、本人に対して直接にその効力を生ずる。
> 　2　前項の規定は、第三者が代理人に対してした意思表示について準用する。

（注３）　使者
　　　使者とは、他人が決定した意思表示を伝達する者、又は他人が決定した意思
　　を相手方に表示する者。手紙を届ける者、口上を伝える者等をいう。「代理人」
　　が自ら独立の意思表示をするのに対し、使者は本人の機関にすぎない。

（注４）
　　　大阪国税局「課税処分にあたっての留意点（留意事項）」　平成25年４月
　　　　　　　TAINS　情報公開請求による開示文書（職場研修関係資料）

> 「管理監督責任の不履行については事実関係を立証することが困難である場合が多いので、不正行為者がどの範囲まで業務を任され、当該業務がどのようにチェックされていたか等について、特に次の①から③までについて関係者に対する「質問応答記録書」を作成するなどして証拠化しておく必要がある。
> ①　重要な事務を担当していたこと。
> ②　当該従業員に業務を任せきりにしていたこと。
> ③　法人が何らかの管理・監督をしないまま放置していたこと。

　以下では、納税者以外の行為が問題となったケースを、(i)法人税、(ii)所得税、(iii)相続税・贈与税、(iv)その他（第三者への依頼等）に区分しました。

(i)　法人税

　通則法68条１項の文理に忠実に考えると、法人における「納税者」は、その法人を代表する代表取締役等に限られるという考え方があり得ます。しかし、取締役の行為は代表者が知っていたか否かに関わらず重加算税の要件を満たすとされ（事例61、事例62）、また、代表者の親族等で経営に参画していると認められる者の行為についても、法人の行為と同視すべきとされています（事例63、事例64）。さらに、単なる従業員の行為であっても当該従業員の役割等や法人の管理責任といった側面からみて重加算税の賦課が適法とされるケースも多々あります（事例65、事例66）。

　もっとも、当該従業員の職責や行為の態様等を総合考慮して加算税を取り消したケースや（事例67、事例68）、法人から与えられた権利外の行為が行われていたことに着目して重加算税を取り消したケースもあります（事例69）。

《事例61》　代表者が知らなかった支店長の行為も「隠蔽等」に当たるとされた事例　☒

（札幌地裁昭和56年２月25日　訟月27巻５号1012頁）

〔事件の概要等〕

　本件は、不動産の売買及び仲介を目的とする法人（甲社）において、甲社の常務取締役支店長が支店としての取引を簿外取引にした上で、業務報告からも除外していたために重加算税が課せられた事例です。

　甲社は内部的な処理については、①支店運営に伴うすべての収支の経理は独立会計として支店長が処理すること、②本・支店共同の仲介等による報酬は諸経費控除後、原則として折半する等について取締役会で議決しており、また、本・支店ごとに決算をして各決算を併せて決算書を作成して法人税の確定申告をしていました。

　甲社側は、問題となった簿外取引は、支店長個人がしたものであって、その手数料収入等も同人が個人の収入として取得し、費消したものであるから、そもそも甲社の所得ではなく、仮に支店長の収益が甲社に帰属すると判断されたとしても、甲社は所得の存在を知らなかったから重加算税の賦課決定処分は違法であると主張しました。

行為者	支店長（常務取締役）（Ｘ）
隠蔽等	Ｘは、簿外取引による収入の全部又は一部を甲社に対する業務報告から除外して隠蔽した上、仮装した業務報告書を本社に提出し、甲社はその報告書に基づき法人税の申告をしていた。
判断の要旨	……甲社の札幌支店長であったＸは、<u>前示認定の簿外取引がすべて札幌支店としての取引で、これによる所得が</u>

	すべて甲社に帰属し、同取引を除外することによって過少申告となることを承知しながらＸによる収入の全部又は一部を甲社に対する業務報告から除外して隠蔽した上、仮装した業務報告書を本社に提出し、甲社は右報告書に基づき法人税の申告をしていたものと認めることができ、右認定を左右するに足る証拠は存在しない。 　右の事実によれば、甲社には国税通則法68条１項にいう課税標準の計算の基礎となるべき事実を隠蔽及び仮装した事実が存在するから、更正処分により増加した簿外取引による過少申告所得のうち503万7,000円に対応する税額166万6,700円に100分の30の割合を乗じた範囲内で49万9,800円の重加算税を賦課する旨の決定は適法というべきである。なお、甲社代表者本人が右の隠蔽、仮装に関与せず、それを知らなかったとしても、そのことは右賦課処分を違法ならしめる事由には該当しないものと解される。
上訴等	なし〔確定〕

《事例62》　取締役らが一部の所得を報告しておらず代表者がこれを認識していなくとも重加は適法とされた事例　　☒〔確定〕

（静岡地裁昭和44年11月28日　税資57号607頁）

　静岡地裁は、「……仮装もしくは隠蔽の行為を納税者個人の行為に限定すべきではなく、その従業員や家族等が右の行為をした場合にも納税義務者がそれを知っているかどうかにかかわりなく重加算税が賦課せられるものと解するのが相当である。したがって、本件においても代表者の知、不知に関係なく重加算税は賦課されることにな（る）。」として重加算税を課すことは適法と判断しています。

《事例63》　法人代表者の実弟かつ常務取締役の行為であっても
**　　　　　法人への重加は適法とされた事例**　　　　　　　　✕

(名古屋地裁平成４年12月24日　税資193号1059頁)

　名古屋地裁は、「制度の趣旨からすれば、会社の代表者自身ではなく、その従業者等であっても、<u>会社の営業活動の中心となり、実質的にその経営に参画していた者が隠蔽・仮装行為をし</u>、かつ、代表者がそれに基づき過少申告をした場合」には賦課要件を満たすと判示しています。

《事例64》　法人の代表取締役と密接な関係のある者の行為は
**　　　　　法人の行為と同視すべきとした事例**　　　　✕　〔控訴審で確定〕

(東京地裁昭和55年12月22日　税資115号882頁)

　本件は、会社代表者であった個人（甲）と、当該会社で共有する土地の譲渡に関して、仮装の売買契約書の作成行為が問題となった事例です。

　<u>行為者Ｘは、甲の元配偶者で、会社設立時の代表取締役で現在も取締役の立場にある</u>などの関係がありました。

　裁判所は、Ｘが当時会社の取締役であって、甲と分担してその業務を執行し、ことに甲が入院中は全面的にその業務を行っていたものであるから、Ｘのした隠蔽等に基づいて、甲が会社の法人税の確定申告をした以上、Ｘのした隠蔽等は<u>甲の行為と同視する</u>のが相当であると判断しています。

《事例65》　法人が管理せずに放置していた状況下での
**　　　　　従業員の行為は「隠蔽等」に当たるとした事例**　　　✕

(大阪地裁平成10年10月28日　訟月48巻10号2587頁)

〔事件の概要等〕

　本件は、ゲームセンターの経営等を目的とする法人（甲社）において、

代表者の親族等には該当しない従業員で経理補助業務を行っていた者（X）が横領による収入除外等をしていた事例です。

　裁判所は、甲社の管理監督が不十分な状況下でXの不正があったことや、Xの不正以前から、社内における現金管理等が十分になされていなかった状況、さらに、不正記帳のために甲社の損益計算書の売上高が前期比３％増であるのに対して、営業利益は54.6％減と不自然な内容となっていたこと、それにも関わらず甲社による調査は一切行われなかった等の事実関係を認定し、甲社自身の管理責任に問題があったとして重加は適法と判断しました。

行為者	従業員（X）
隠蔽等	Xは、(1)出納簿の入金額を改竄する、(2)出納簿に記載すべき売上額の一部を除外するという方法や、これらに加えて、(3)出納簿に架空仕入を計上するという方法を採った。さらに法人税確定申告書に添付される当座預金残高調整表にも、架空の未入金を記載した。
判断基準等	国税通則法68条に規定する重加算税は、同法65条ないし67条に規定する各種の加算税を課すべき納税義務違反が課税要件事実の隠蔽又は仮装という不正な方法によって行われた場合に、違反者に対して課される行政上の措置であって、故意に納税義務違反を犯したことに対する制裁としての刑罰ではないから（最高裁昭和43年（あ）第712号同45年９月11日第二小法廷判決・刑集24巻10号1333頁参照）、従業員を自己の手足として経済活動を行っている法人においては、隠蔽・仮装行為が代表者の知らない間に従業員によって行われた場合であっても、原則

	として、法人自身が右行為を行ったものとして重加算税を賦課することができるものというべきである。
判断の要旨	……Ｘは、決算や確定申告に関わる帳簿・資料の作成を任されていた主要な経理職員であって、その隠蔽・仮装行為は、長期間にわたって行われ、これによる本件売上除外等の額も多額に上り、容易に発見できるものであったにもかかわらず、甲社は、Ｘに対して経理処理を任せ切りにして、何らの管理・監督もしないまま放置してきたものであるから、甲社に対して重加算税を賦課することは、適法というべきである。
上　　訴	上訴
審　　級	控訴審、大阪高裁平成13年７月26日〔棄却・上告〕 上告審、最高裁平成13年12月20日〔上告不受理・確定〕

《事例66》　代表者の遠縁で法人設立時から従業員である者の行為は法人の行為と同視できるとした事例　　☒

(国税不服審判所平成22年１月７日裁決　TAINS J79-1-07)

　審判所は、代表者が必要書類に関する委任状に実印を押印したが、売却される車両の車種や売却額などの内容を把握せずに、従業員に車両の売却処理を任せていたこと、さらに代表者が直接、横領行為者や売却の相手方に具体的な売却額を聞き、確認を取れば容易に横領行為が発覚するものであったにもかかわらず、申告期限までにその是正や過少申告防止の措置を講じていなかったこと等を認定して、従業員の行為は、納税者の行為と同視できると述べています。

《事例67》 重要な職責にない従業員の仮装行為を
発見できなかった場合に重加を取り消した事例 ◯

（国税不服審判所平成23年7月6日裁決　国税不服審判所ホームページ）

〔事件の概要等〕

　本件は、法人（甲社）の使用人Xが、甲社の取引先（L社）の代表取締役Pに代金（消耗品費）を水増しして請求するよう指示するなどして、当該水増し分に相当する金員を詐取していた事例です。

　審判所は、次のとおり重加を取り消しました。

行為者	甲社の使用人（X）
事実関係の要旨	Xは工場資材課の一使用人であり、甲社の役員に就任していた事実はなく、職制上の重要な地位や権限を与えられた事実もない。また、経理課に勤務したこともなく、会社の重要な経理帳簿の作成等を任されていた事実もない。
隠蔽等	Xが独断で（資材課課長の了承を得ることなく）Pに代金を水増ししてL社に請求するよう指示し、L社から支払われた金員のうち、水増し分に相当する金員をPから別途受領していた。
判断の要旨	……甲社は、消耗品費の架空計上をした決算に基づき法人税の確定申告をしたものと認められる。 　しかしながら、①Xが工場資材課に配置されて以後退社するまで長期間にわたり同課において職制上の重要な地位に従事したことがなかったこと及び甲社の経理帳簿の作成等に携わる職務に従事したこともなかったこと等から同人が、工場において単に資材の調達業務を分担す

	る一使用人であったと認められること、また、②問題となった取引が、X個人の私的費用を甲社から詐取するために同人が独断でPに依頼して行ったものであり、当該隠蔽、仮装行為が甲社の認識の下に行われたとは認められないこと等を総合考慮すると、甲社が取引内容の管理を怠り、甲社から隠蔽するためのXの仮装行為を発見できなかったことをもって、当該行為を甲社自身の行為と同視することは相当ではない。
上訴等	なし〔確定〕

《事例68》 従業員が余剰物品を無断売却してその代金を詐取したことにつき重加算税賦課を取り消した事例 ○

(国税不服審判所平成21年9月9日裁決　TAINS J78-3-20)

　印刷の請負等を行う請求人（甲社）は、その従業員（X）が無断で余剰紙を売却したため、その収入が甲社に帰属すると認定されて、更正処分及び重加算税の賦課決定処分等を受けました。この余剰紙は、甲社が印刷を受注した際に発注元から無償で支給される紙の余剰分で、甲社では他の支給紙と一緒に保管管理されていたものです。

　審判所は、①Xが余剰紙を自己の判断で売却する権限を有していなかった事や、②売却先は取引相手を甲社だと認識していなかった事など複数の事実関係を総合考慮して、売却収益の帰属は甲社ではないと判断しました。

　また、審判所は、収益の帰属が甲社でない場合は、余剰紙がXに窃取された時点で、甲社には損害賠償請求権が発生しているとして、その益金計上時期についても検討しました。本件では、上記①の事情から甲社

がXの行為を予見することが困難であったこと、余剰紙の所有権が甲社か用紙支給元かどちらにあるのかが必ずしも明らかでなかったこと、また、甲社としては受贈益を計上してまで余剰紙を在庫計上すべき必要性及び重要性に乏しかったこと等の事実が認定されました。そして、甲社は、通常人を基準にして、本件損害賠償請求権の存在・内容等を把握し得ず、権利行使を期待することができないといえるような客観的状況にあったといえ、その権利の実現の可能性を客観的に認識することができるとはいえないから、本件損害賠償請求権を処分対象事業年度の益金の額に算入すべきとはいえないとの結論を下しました。

《事例69》 従業員らが受領したリベートを益金算入しなかったとして重加を課した原処分を取り消した事例 ○

（仙台地裁平成24年2月29日 税資262号順号11897 TAINS Z262-11897)

〔事件の概要等〕

旅館を経営する法人（甲社）の調理部支配人などの地位にあったXらは、関係業者から長年にわたりリベートを受領していました。原処分庁は、そのリベートが甲社に帰属するなどとして法人税等の更正処分をし、あわせて重加算税の賦課決定処分を行いました。

裁判所は、Xらは個人としての法的地位に基づきリベートを受領したとして、甲社には帰属しないと判断しました。判断において特にポイントとなったのは、①甲社ではリベートの受領禁止が会社の内外に周知徹底されており、就業規則にも定められていたこと、②Xらはリベート受領禁止を明確に認識した上で、甲社に隠れてリベートを受領していたこと、③Xらには仕入業者の選定権限等は与えられていなかったこと等の事実関係です。つまり、法人の内部統制が機能しているか、行為者は法人から与えられた権限外の行為を行っていたのかといった点が、重加算

税の適否に関する判断要素となっています。

(ii) **所得税**

　　所得税の分野においては、納税者本人の親が本人の申告を行う際に隠蔽等を行っていた場合、本人がそれを知っていたか否かに関わらず、重加は適法とされています（事例70、事例71）。しかし、兄弟の共同経営のケースでは経営に関与していなかった一方の者は、隠蔽の事実を知っていたと認定しきれないとして重加が取り消されています（事例64）。

《事例70》　父が二重の売買契約書を作成した場合について
　　　　　重加は適法であるとした事例　　　　　　　　☒

（大阪地裁判決昭和36年８月10日　行集12巻８号1608頁）

〔事件の概要等〕

　　本件は、納税者（甲）の所有名義となっている土地の売却について、甲の父（Ａ）が売買契約の代金額を受領してその代金の一部を隠蔽したとして重加算税が課せられた事例です。裁判所は、甲が隠蔽等の事実を知らなくとも重加算税は課せられると判断しました。

行為者	納税者（甲）の父親（Ａ）
事実関係等 の要旨	・Ａは甲の代理人として売買代金総額の32,233,600円を受領した。 ・売買された宅地は甲名義だが実際にはＡが管理、処分、一切についての実権を握っていた。
隠蔽等	Ａは、甲の宅地を32,233,600円で売買したが、二重の売

	買契約書を作成する等の方法により代金が10,360,800円であるかのように装った。
判断基準等	重加算税の制度上は従業者の行為は納税義務者本人の行為と同視せらるべく、従業者による所得の事実の隠蔽又は仮装を納税者本人が知らずして右隠蔽又は仮装したところに基き、所得の過少申告をし又は所得の申告をしなかつたときは、正当なる所得を申告すべき義務を怠つたものとして重加算税が賦課せられるものと解するのが相当である。
判断の要旨	本件は前記認定のとおり、Ａは売却代金を受領するに際して、甲のために右代金の一部を隠蔽し、右隠蔽したところに基づき甲の過少申告がなされたものであるから、甲は、右隠蔽の事実を知らなかつたとしても、更正によつて増加した所得税額××円に、100分の50を乗じて計算した金額、すなわち××重加算税を賦課されることになる。
上　訴	控訴
審　級	控訴審、大阪高裁昭和36年12月27日〔棄却、確定〕

《事例71》　土地譲渡について父がした仮装行為によっても重加の要件が満たされるとした事例　　✕〔控訴審で確定〕

（大阪地裁昭和58年５月27日　判タ534号183頁）

　本件は、納税者（甲）とその父（Ｘ）の共有であった２筆の土地（２筆で１個の溜池を構成）の譲渡について、１筆ごとに２年間にわたって譲渡したとして譲渡所得の申告がされたものです。甲自身は、土地売買

及び確定申告時に日本に在住しておらず、土地の処分、確定申告等をすべてＸに委ねていました。

　Ｘは、２筆の土地全体について一個の売買契約が成立し、売買契約書が１通であったにも関わらず、Ａ土地、Ｂ土地のそれぞれについて売買契約書を作成するなどし、さらに、税務署職員に相談した際に、Ａ土地の売買契約書に規定された条項のうち一部が存在しないような外形にして複写したものを提出する等していました。

　裁判所は、甲は、本件溜池の処分及び所得税の確定申告の行為をＸに委ねていたのであるから、甲の所得隠蔽行為については、重加算税が刑罰としての罰金でないことはもちろん、行政罰でもなく、税の一種であることを考えると、<u>甲においてその一部の隠蔽等の事実を知っていたと否とにかかわらず、納税義務者として正当な申告をしなかったことによる重加算税の賦課決定を受けてもやむを得ない</u>と判断しました。

《事例72》　兄弟の共同経営において隠蔽の認識に差異があり重加の適否が分かれた事例　　　((兄) ○ ・(弟) ×)

（鳥取地裁昭和47年４月３日　訟月18巻９号1480頁）

〔事件の概要等〕

　本件は、納税者（甲）が建物設備等を提供し、甲の弟（Ｘ）が全面的に経営していたパチンコ遊技場について、その売上を兄弟で折半して申告していたところ、Ｘが隠蔽行為をしていたために兄弟共に重加算税が課せられた事例です。甲はその隠蔽行為を知らなかったことを理由に、重加算税の適否を争いました。

　裁判所は、甲については重加を取り消す判断を下しました。

行為者	納税者（甲）の弟（X）
隠蔽等	Xは売上収入金の一部を脱漏して仮装名義預金に預け入れていた。
判断の要旨	• （更正処分（本税）について）本件預金の一部が前記のとおりパチンコ営業収入と認められる以上、その収入金額の2分の1について納税者の事業収入となることは、兄弟の本件共同営業の建前から、否定しがたいところである。 • （重加算税の賦課決定処分について）認定事実から直ちに甲において前記仮装名義預金による事業収入の隠蔽の事実を承知していたことまでも推認することは困難であり、かつ、その事実を認めるに足りる証拠はないから、甲に対し重加算税を賦課したことはその限りにおいて理由がなく、違法というべきである。
上　訴	控訴
審　級	控訴審、広島高等裁判所松江支部昭和48年4月18日 〔棄却、確定〕

(iii)　相続税

　相続税の分野では、被相続人が生前に財産を隠蔽等していた状況で、相続人等が当該財産を相続財産に含めずに申告した場合に重加算税が課せられるのかといった論点があります。このような場合について昭和56年2月25日大阪地裁（訟月27巻6号1167頁）は、以下のように、相続人等の「脱税の意図」を要件とする解釈をたてています。

〈裁判所の解釈～相続税の場合～〉

> 　相続税についてみると、相続人又は受遺者が積極的に右の隠蔽、仮装の行為に及ぶ場合に限らず、被相続人又はその他の者の行為により、相続財産の一部等が隠蔽、仮装された状態にあり、相続人又は受遺者が右の状態を利用して、脱税の意図の下に、隠蔽、仮装された相続財産の一部等を除外する等した内容虚偽の相続税の申告書を提出した場合をも含むと解するのが相当である。

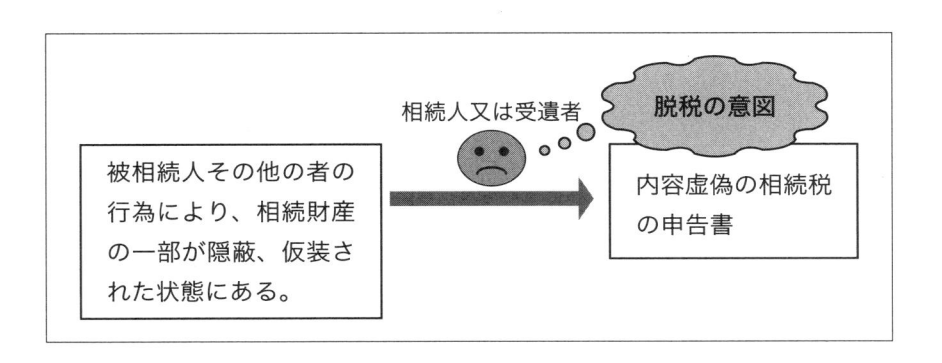

　そして、隠蔽の了知を直接認定できない相続人に対しては、家族として知っていたと推認する等した上で（事例73）、重加は適法であると判断しています。

　もっとも、裁決事例では、隠蔽等を了知していなかった相続人の重加算税を取り消したものが散見されます（事例74、事例75）。ただし、相続税申告を包括的に委任したと認定されれば、了知していなくとも重加は適法とされています（事例76）。

　また、重加算税については、通則法70条《国税の更正、決定等の期間制限》の「偽りその他不正の行為」が併せて問題となるケースも見られます。この論点に関しては、被相続人が通則法68条の隠蔽等を行っ

ていた場合には、その行為を知らない相続人には、同法70条の適用があるとされるも、同法68条の適用はなしとされています（事例77）。

《事例73》　家族として架空人名義の財産を認識していたと推認された事例 ☒

（岐阜地裁平成２年７月16日　税資180号58頁）

〔事件の概要等〕

本件は、架空人名義で購入されていた割引債（本件債券）が相続財産に含められていなかったことについて、重加算税が課せられた事例です。

裁判所は、被相続人（Ａ）の事業を手伝っていた同人の長男（Ｘ）については、本件債券が相続財産に含まれることを知りながら相続財産に含めずに申告したと認定し、併せて、妻Ｙについては、「当然家族として本件債券の存在及び相続財産に含まれることを認識していたと推認すべきである。」として重加を適法とする判断を下しています。

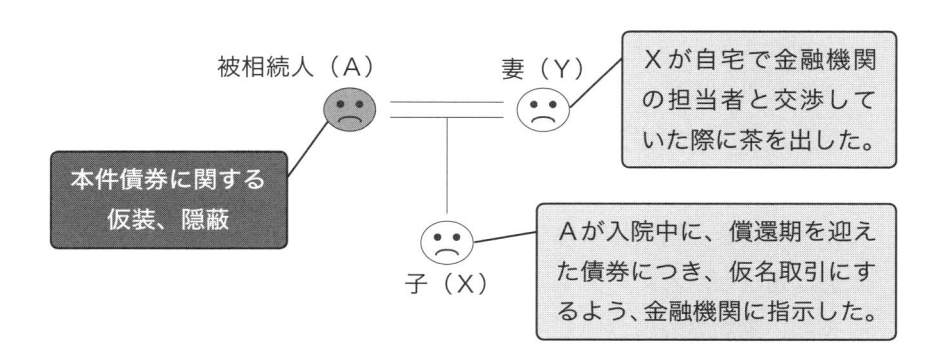

行為者	被相続人（A）
事実関係等の要旨及び隠蔽等	・Aは、生前に金融債を架空名義で購入していた。 ・Aの長男Xは、Aの入院中に償還期が来た債券の乗換え分として総額72,830,000円の債券を架空名義にて購入する契約を成立させた。
判断の要旨	前記認定事実によれば、XはAの入院中に同人の使者又は代理人として本件債券の購入の交渉に従事していたものであり、更にA死亡後である昭和58年12月には本件債券の乗換え分の債券の購入契約を締結していたのであるから、本件債券の存在及びこれが相続財産に含まれることを知悉していたというべきである。にもかかわらず本件債券の存在を秘して相続税申告書を提出したのであるから、これは国税通則法68条1項所定の「国税の課税標準等の計算の基礎となるべき事実の一部を隠蔽し、その隠蔽したところに基づき納税申告書を提出していた」場合に相当すると認めるべきである。
	Yについては、AやXと同居していたものであり、しかも前掲各証拠によれば、Aが自宅において○証券の担当従業員と交渉していた際に茶を出したことなどが認められ、また、AやXが本件債券の存在をYに対して秘匿していたような特段の事情を認めるに足る証拠がない以上、当然家族として本件債券の存在及び相続財産に含まれることを認識していたと推認すべきである。したがって、Yについても、原告Xと同様、本件債券の存在を秘して相続税申告書を提出したのであるから、国税通則法68条1項所定の事実の隠蔽の場合に相当すると認められる。

上　訴	控訴
審　級	控訴審、名古屋高裁平成３年６月12日〔棄却、上告〕 上告審、最高裁平成３年10月17日〔棄却、確定〕

《事例74》　隠蔽を了知しない相続人への重加を取り消した事例

（国税不服審判所昭和62年７月６日裁決　TAINS J34-1-01）

〔事件の概要等〕

　本件は、相続財産として申告されなかった定期預金（本件預金）について、課税庁が相続財産と認定して更正処分をし、過少申告加算税及び重加算税を課した事案です。

　課税庁は、本件預金は、被相続人（Ａ）及び同人の親族（本件一族）の不動産賃貸料収入等を運用して形成された無記名定期預金の一部であるという前提のもとで、被相続人に帰属すべき金額を推計により算定しました。これに対して、請求人らは、被相続人は交際費等の支出が多かった等の事情から、被相続人に帰属すべき賃貸料収入等は費消されているため、同人に帰属すべき金額はないと主張しました。

　審判所は、本件一族の不動産賃貸料収入等を管理運用していた者（相続人の１名であるＸ）については重加を適法としましたが、それ以外の相続人については、重加を違法と判断しました。

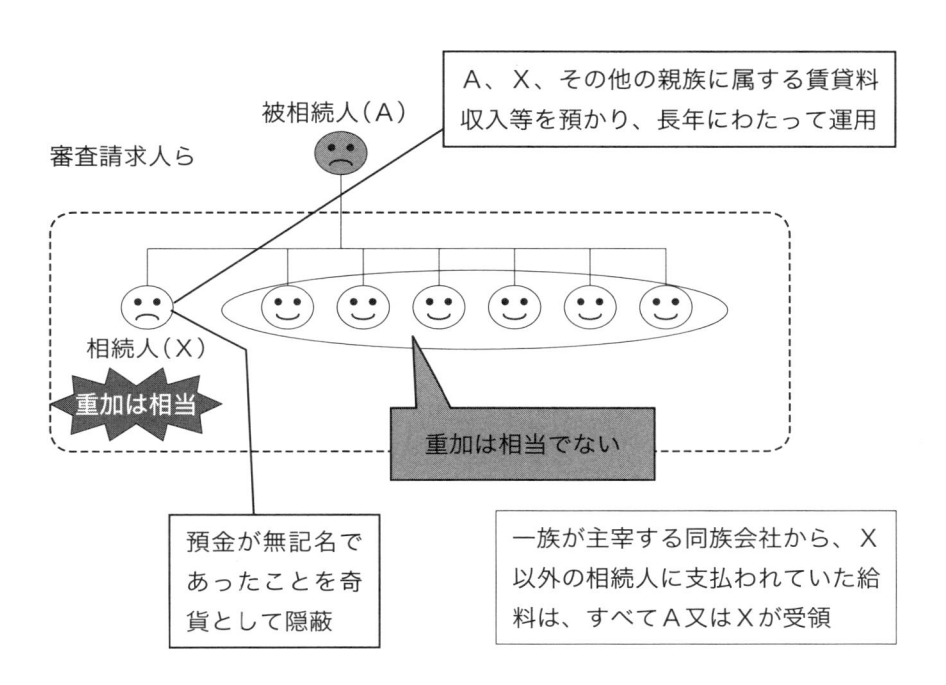

行為者	相続人のうち1名（X）
事実関係等の要旨	一族が主宰する同族会社から、X以外の相続人にあてて支払われていた給料は、すべてA又はXが受領していた。
隠蔽等	Xは、本件無記名定期預金のうちに被相続人に帰属すべき金額があるにもかかわらず、それを裏付ける証拠資料を提出せず、本件無記名定期預金が無記名であったことを奇貨として被相続人の遺産から隠蔽し、除外して相続税の申告書を提出したものと認めるのが相当であり、その行為は、国税通則法第68条第1項に規定する事実の隠蔽に当たる……。

判断の要旨	しかしながら、Ｘを除く請求人らは、本件無記名定期預金の形成の状況（（筆者要約）同族会社からの給与名義とされたＸ以外の相続人らは、各自、収入があるなど、その給与や一族所有の不動産賃貸料収入の入手が必要でなかったこと、その賃貸料収入等はＸが一括管理して、無記名定期預金として運用していたが、Ｘは、それらについての記録や、一族のそれぞれに帰属すべき額の計算をしていなかったこと等）からみてそれを了知していたとは認められず、隠蔽の行為があったものとは認められない。 　また、本件預金を被相続人の遺産としなかったことについて、国税通則法第65条第４項に規定する正当な理由があったとは認められないから、これら請求人らについては過少申告加算税の賦課要件を満たしているものの、重加算税を賦課するのは相当でない。したがって、過少申告加算税相当額を超える部分の金額は取り消すべきである

〔参考〕

　長野地裁昭和58年12月22日判決は、次のように判示して、本件とは異なる判断を示しています。「……国税通則法68条の合理的解釈としては、隠蔽・仮装の行為に出た者が、納税義務者本人ではなく、その代理人、補助者等の立場にある者で、いわば納税義務者本人の身代りとして同人の課税標準率の発生原因たる事実に関与し、右課税標準の計算に変動を生ぜしめた者である場合を含むものであり、かつ納税義務者が納税申告書を提出するにあたりその隠蔽・仮装行為を知っていたか否かに左右されないものと解すべきである。」

《事例75》　隠蔽したと認めるに足りる証拠がない

相続人への重加を取り消した事例　○×

（国税不服審判所平成13年３月７日裁決　TAINS F0-3-400）

【非公表裁決】

　本件では、被相続人の入院中に無記名の割引債等の保管場所を移動させて当該財産を隠蔽して申告した相続人（Ｘら）について、重加は適法と判断されました。他方で、Ｘら以外の相続人は、当該財産を隠蔽した事実及び申告手続をＸらに委任した事実が認められないとして、重加が取り消されました。

《事例76》　申告書の作成等を父に包括的に委任した息子は

重加を免れないとした事例　×

（国税不服審判所平成18年７月31日裁決　TAINS F0-3-189）【非公表裁決】

　本件は、納税者（甲）の父が、甲と共同で提出した相続税の申告書に、相続財産の一部が記載されていなかったことについて、甲自身は申告除外の行為を知り得なかったことを理由に重加算税の取消しを求めた事例です。審判所は、相続税の申告を父に包括的に委任して任せきりにしていた甲についても、重加算税の賦課を免れないと判断しています。

《事例77》　被相続人の「偽りその他不正の行為」と

重加算税との関係　○

（大阪国税不服審判所平成13年７月６日裁決

TAINS F0-3-127）【非公表裁決】

　本件は、被相続人が、株主名簿を利用して相続税を軽減するという意図のもとに帳簿操作等を行っていた事例です。審判所は、被相続人の行為を、通則法70条５項（現４項）の「偽りその他不正の行為」に該当す

るとして、相続人がその行為を知らなかったとしても同法の適用はあると解しています。一方で、通則法68条の重加算税については、偽りその他不正の行為が被相続人にはあったものの、相続人らは、各人の株式持分を錯覚していたと推認できる等から、相続人に仮装隠蔽があったとまで評価することはできないとして、重加取消しの判断を下しています。

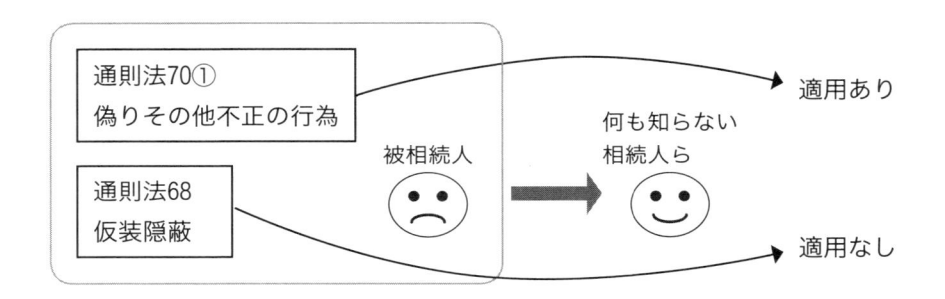

(iv) その他（第三者への依頼等）

　納税者が申告手続を一任した者が、履行補助者等として隠蔽仮装行為を行った場合には、基本的にはその責は納税者自身が負うこととなります（事例78）。しかし、事件の特殊事情を考慮して、重加算税を取り消したケースもあります（事例79、事例80）。また、第三者が事業所得の損失に係る架空契約の作出及びその決算書作成を行っていたケースでは、納税者が一方的に詐取されたということまではできないとして、第三者の行為を納税者の行為と同視できるとされています（事例81）。

　そして、過少申告の原因について、税理士事務所等の職員のミスが主張されたケースでは、ミスの事実が否定され（事例82）、納税者の不知を主張したケースでは、不知の主張そのものが否定されています（事例83）。また、顧問税理士が勝手に行った旨の主張では、納税者の認識があったか否かに関わらず納税者が過少申告の責任を負うものと

判示されています（事例84）。ただし、税理士に交付した収入メモに記載漏れがあり、申告書で別の計上漏れがあったケースでは、そのメモに記載されていた収入部分については、隠蔽行為がなかったと判断されています（事例85）。

《事例78》　申告を依頼した第三者が行った行為は納税者が責任を負うとした事例　✕

（京都地裁平成５年３月19日　行集44巻３号241頁）

〔事件の概要等〕

本件は、税務訴訟ではなく、納税者（甲）が税務署長に対して、重加には課税要件に関する重大な瑕疵があり無効であるとして、不当利得に基づき、納付済みの重加算税に相当する金額の返還を求めた訴訟です。

甲が申告手続を依頼したＩは、架空債務を計上して過少な相続税の申告を行いました。これについて裁判所は、Ｉは甲の履行補助者（履行代行者）[注] に当たると述べ、同人の行為は、そのまま甲の行為と同視されるから、重加算税の賦課決定処分は適法であって、何らの瑕疵もないと判断しています。

なお、甲は後に相続税法違反で逮捕され、その取調べの過程で履行補助者によって架空債務が計上されて過少申告となっていたこと等を知ったという経緯もありました。

（注）　履行補助者、履行代行者は、概ね次のような意味です。
- 履行補助者…会社の従業員のように会社（債務者）の手足として使用される者。
- 履行代行者…下請け業者のように、依頼者（債務者）に代わり、履行の全部を引き受ける者。

行為者	申告手続の依頼を受けた司法書士（Ｉ）及び同和団体役員（Ｊ）
隠蔽等	架空債務を計上して、税額等の計算の基礎となるべき事実について仮装行為を行ったこと。
判断基準等	……「納税者が……納税申告書を提出したとき」とは、当該納税者本人が直接提出した場合に限られない。その他、納税者から依頼を受けて申告手続を納税者に代わって行う第三者、即ち、履行補助者（履行代行者）が申告書を提出する場合も含むと解するのが相当である。 ……納税者は、その申告義務を果たすため、信頼できる者を選任し、申告書提出前にこれを点検し、自ら署名押印するなどして、適法に申告するように監視、監督して、自己の申告義務に遺憾のないようにすべきである。これを怠って、補助者が不正な申告をした場合には、納税者自身の不正な申告として、重加算税の賦課を受ける。 履行補助者が税額等の計算の基礎となるべき事実を隠蔽し、又は仮装し、これに基づいて過少な申告を行った場合、納税者自身が、その隠蔽、仮装について認識を欠いていたとしても、その履行補助者の申告の有無、態様は、そのまま納税者が行ったものとなり、その責任を負う。
判断の要旨	……Ｉは、甲から、本件相続に係る相続税の申告手続一切を代わって行うことを依頼されたものであって、右にいう履行補助者（履行代行者）に該当すると認められる。 そして、Ｉが、Ｊと共謀のうえ、本件架空債務を計上して、税額等の計算の基礎となるべき事実について仮装行為を行い、これに基づいて過少な申告をしたことは、認定した各事実に照らし明らかである。したがって、こ

	のようなIの行為は、そのまま甲の行為と同視される。
上　訴	なし〔確定〕

《事例79》　申告を一任した第三者に納税資金を交付した

　　納税者への重加を取り消した事例　　　　　〔〇〕〔確定〕

（大阪高裁平成3年4月24日　判夕763号216頁）

　本件は、土地を譲渡した納税者（甲）が、同和団体会長（X）に申告業務を一任したところ、Xが「永代管理小作料」等の架空経費を計上して譲渡所得の修正申告書を提出したものです。大阪高裁は、隠蔽等が、本人の知らない間に第三者によって行われた場合でも、「特段の事情のないかぎり、原則として」重加算税を課することができると判示しましたが、本件控訴審は、判断を覆し、甲が納税資金のつもりでXに1,800万円を交付したこと等に言及し、甲に重加算税を賦課することはできないと判断しました。

《事例80》　元税務職員の税理士が現職の税務職員と

　　共謀した不正行為（M税理士事件）　　　　　〔〇〕

①　東京高裁平成18年1月18日（税資256号順号10625）差戻控訴審（取消）

　　　一審（東京地裁平成13年2月27日）、控訴審（東京高裁平成14年1月23日）、上告審（最高裁平成17年1月17日）

②　最高裁平成18年4月20日（民集60巻4号1611頁）破棄自判（取消）

　　　一審（東京地裁平成15年6月27日）、控訴審（東京高裁平成16日9月29日）

③　東京高裁平成18年9月13日（税資256号順号10500）差戻控訴審（取消）

　　　最高裁平成18年4月25日（民集60巻4号1728頁）一部破棄自判、一

部破棄差戻し

一審（東京地裁平成14年12月６日）、控訴審（東京高裁平成15年12月９日）

〔**事件の概要等**〕

これらの一連の事件は、M税理士が元部下であった税務職員と結託してなした不正行為に対して重加算税が課せられた事例で、いずれも最終的に重加算税の要件は満たさないとの判断が示されています。

これらは、現職の税務職員を巻き込んだ極めて特異な事例といえます。

《事例81》 コンサルタントの行った架空投資の作出は 納税者の行為と同視できるとした事例 ☒ 〔控訴審で確定〕

（静岡地裁平成14年９月19日　税資252号9195頁）

〔**事件の概要等**〕

本件は、納税者（甲）らのコンサルタントとして、長らく付合いがあった公認会計士（X）が、甲に対して所得税の節税を目的として、甲に米国のリミテッド・パートナーシップへの投資（本件投資）を勧めたものです。しかし、実際には本件投資はされておらず、それにもかかわらず甲の申告は、この架空投資に係る損失が生じたものとする決算書に基づき申告書が作成されていたために過少申告となり、重加の対象となりました。

裁判所は、次のとおり甲の主張を認めず、重加を適法としました。

行為者	納税者に本件投資を勧めた公認会計士（X）
隠蔽等	Xの架空投資作出に基づく契約書及び請求書の偽造行為及びその支出があったかのように装った事業所得決算

	書の作成。
判断の要旨	……甲とXとは、……甲が本件投資の意思を固めるまでに少なくとも約5年間の付合いがあったことが認められ、……節税対策になるというXの言を信用し、その内容を十分理解しないまま本件投資を決意して、その手続一切及び本件各年分の事業所得決算書の作成について<u>Xに一任</u>したことからすると、<u>Xは、本件投資について甲の代理人又は補助者というべき立場にあったと認める</u>ことができる。また、甲がXの言を安易に信用したことや、本件契約書への署名や本件請求書に基づく出資金の振込等がまったく行われていない段階でなされた平成5年分の確定申告において、Xの作成した事業所得決算書に事業損失が計上されているなど<u>不自然な点があったにもかかわらず</u>、甲はこれについて何ら疑問を持たず、平成7年4月に別の公認会計士に指摘されるまで本件パートナーシップに関する<u>契約関係を漫然と放置していること</u>などからすると、<u>Xと甲との間には一定の信頼関係があったものと推認される。</u>そして、……という事実に照らすと、<u>甲とXとの関係は、甲が一方的にXに詐取されたというような通常の詐欺又は横領事案における加害者と被害者との関係とまったく同一であるとまでいうことはできない。</u>以上のような、甲とXとの人的関係、甲がXに委任した内容、甲の本件投資及び本件各年分の確定申告における対応、甲が出資した金員の流れ等の事実を総合すると、Xの行った隠蔽、又は仮装行為は、納税者である甲の行為と同視することができるというべきである。
上　　訴	控訴

審　級	控訴審、東京高裁平成15年5月20日〔棄却、上告受理申立て〕上告審、最高裁平成18年2月9日〔棄却、不受理〕

《事例82》 会計事務所職員の記帳誤りであると主張したが

認められなかった事例 ☒

（東京地裁平成2年4月13日　税資176号581頁）

〔事件の概要等〕

　本件は、青色申告法人である納税者（甲）の経理を担当していた公認会計士事務所の職員（A）が、振込記録及び仕入先からの請求書に基づいて二重に仕入金額を計上した上で、一方の仕入勘定の相手勘定を借入金として経理処理したため、当該借入金に係る支払利息が過大計上されて、甲の所得金額が過少となり、重加の対象となった事例です。

　甲はAのミスだと主張しましたが、裁判所は、Aは二重計上等を認識しながら伝票を起票したこと、その行為は甲の代表者の指示によるものであることを認定し、隠蔽等に当たるとの判断を下しました。

行為者	会計事務所職員（A）
隠蔽等	仕入れの二重計上及び支払利息の過大計上
判断の要旨	（（筆者要約）Aは請求書と振込記録の両方を照合しているはずであること及び甲の代表者から仕入れは借入金で支払ったとの説明がAにされたであろうことから）、Aは仕入の二重計上と借入金の過大計上を認識しながら伝票を起票したというべきである。

	（Aの会計事務所内での地位や、本件の公認会計士が甲の代表者の大学時代の後輩であるといった関係に鑑みると）Aが独断で上記の認識のもとに、伝票を起票したとは考えられず、（これら二重計上等は、甲の代表者の指示によるものというべきであり、……）通則法68条１項にいう隠蔽又は仮装に当たるものというべきである。
	……甲の取引の状況等からすると、二重計上された仕入れは唯一の金額が極めて大きいものであるということができること、過大に計上された借入金についても、利息の支払い、元本の返済が行われているが、このことについて何らの手当てもされていないこと……（（筆者要約）甲の代表者は月額150万円程度の粗利益を得ると認識していたが、仕入れ二重計上等により976万円余りの欠損となり、それが代表者に報告された際に代表者が疑問をもったことを窺うに足る証拠がない……）等の事実に照らすと、Aの単なるミスによって仕入れの二重計上等が行われたものということはできない。
上　訴	棄却［控訴］
審　級	控訴審、東京高裁平成３年３月14日〔棄却、上告〕 上告審、最高裁平成３年12月５日〔棄却、確定〕

《事例83》　税理士の使用人が勝手に行ったと主張したが認められなかった事例 ☒

（国税不服審判所昭和55年４月30日裁決）

本件は、歯科医である個人（甲）の申告が、診療収入の除外により過少となっていたために重加算税が課せられた事例です。

甲は従前、申告をＡ税理士に委任していましたが、Ａ税理士の死亡に伴いＢ税理士に委任するようになりました。もっとも、甲の申告事務を担当していたのは、Ａ、Ｂ両税理士のもとで勤務していた職員Ｘでした。

審判所は、甲自身の答述内容（Ｘから「税金が上がらないようにちゃんとしておきました。」と言われたことや、臨床日誌に記載済の収入金額を1,000万円くらい減らしてくれと求められていたこと等）から、収入金額が圧縮されていたことを知らなかったという甲の主張を信用できないと判断しています。そして、甲が記帳していた資料が不正に操作されていたこと等を認定し、重加は適法との判断を下しています。

《事例84》　顧問税理士が勝手に行ったと主張したが認められなかった事例 ☒

（国税不服審判所平成３年７月25日裁決　裁決事例集第42集13頁）

本件は、歯科医である個人（甲）の申告について、自由診療収入が決算修正の際に、明らかでない理由によって減額され、領収証のない経費が計上されるなどして過少となっていたために重加算税が課せられた事例です。

審判所は、３年間の自由診療収入の過少計上額の割合に言及して、決算の際に過少計上額を隠蔽して殊更過少に申告していたものと推認されると述べています。そして、仮に、甲が主張するように、税理士が勝手に過少申告をしたという事実があったとしても、税理士が甲に代わって行った税務申告等の行為は、納税義務者である甲が行ったと同様に取り扱われるべきで、これに付随する責任も、甲が確定申告が不適正であることを認識していたか否かに関わらず、当然、甲がその責任を負うことになると解するのが相当であるとして甲の主張を排斥しました。

《事例85》　申告漏れ収入のうち税理士に伝えていた部分の
　　　　　重加を取り消した事例　　　　　　　　　　○×

（国税不服審判所平成23年３月10日裁決
審判所ホームページ・要旨のみ）【非公表裁決】

　本件は、個人（甲）が、税理士に交付する賃貸料収入を記載したメモを作成する際に、あえてその一部を記載しなかったために、重加算税が課せられた事例です。

　審判所は、税理士に交付したメモに記載されていた金額については、隠蔽行為があったと認めることはできないとして、その部分に対応する処分を取り消しました。

【3】　課税標準等又は税額等の計算の基礎となるべき事実

〔ポイント〕

　通則法68条１項の「課税標準等又は税額の基礎となるべき事実」については、過年度（過去の事業年度）の行為や事実も対象となるのでしょうか。この点については、過去の仮装行為により生じた現在の事業年度の繰越欠損金の発生（又は過大）も対象となると解されています（事例86、事例87）。

　なお、法人税重加通達第１の４（巻末P231）は、不正に欠損金額の繰戻し還付を受けた場合、欠損金額の計算の基礎となった事実のうちに不正事実に該当するものがあるときは、重加算税を課す旨を定めています。

《事例86》　過去の架空仕入れ否認による繰越欠損金の減少　

（山口地裁平成９年８月26日　行集48巻７・８号584頁）

〔事件の概要〕

　本件は、現在（平成22年10月１日以後）は廃止されている清算予納

に係る申告に関する事例です。原処分庁が、過去の事業年度の仕入金額を架空仕入れであるとして否認したことから、清算予納に係る事業年度における繰越欠損金の額が減少し、結果的に当初の清算予納申告が過少となりました。納税者は、重加の要件を満たさないと主張しましたが、認められませんでした。

判断の要旨	原告は、本件事業年度における不動産の譲渡益の発生による所得金額に係る税負担を軽減する目的で、過去の事業年度において、750万円余りの、いずれも取引に基づかない架空の仕入れを計上し、これらにより本件事業年度における繰越欠損金を増加させていたものと認められるので、原告は、通則法68条1項にいう一部隠蔽し、又は仮装したところに基づき納税申告書を提出していた者に当たるといわざるを得ず、したがって、本件における重加算税賦課決定処分もまた適法である。
上　訴	控訴
審　級	控訴審、広島高裁平成10年9月30日〔控訴棄却、上告〕 上告審、最高裁平成11年6月11日〔上告不受理・棄却〕

《事例87》　過去の架空仕入れにより生じた架空の繰越欠損金も重加の対象とした事例

（長野地裁昭和62年7月16日　訟月34巻1号182頁）

☒〔控訴審で確定〕

本件では、過去の架空仕入れの金額が損金算入されたことが発端でした。それによって生じた架空の繰越欠損金を損金算入した事業年度の重加は適法と判断されています。

【4】　隠蔽・仮装

（1）　課税要件としての「隠蔽仮装行為」の必要性

〔ポイント〕

　通則法68条1項は、「隠蔽又は仮装したところに基づき納税申告書を提出」することを要件としていますので、重加算税は、過少な納税申告書の提出の中でも特に「隠蔽又は仮装」に当たるものを取り出して賦課するものと解せられます。

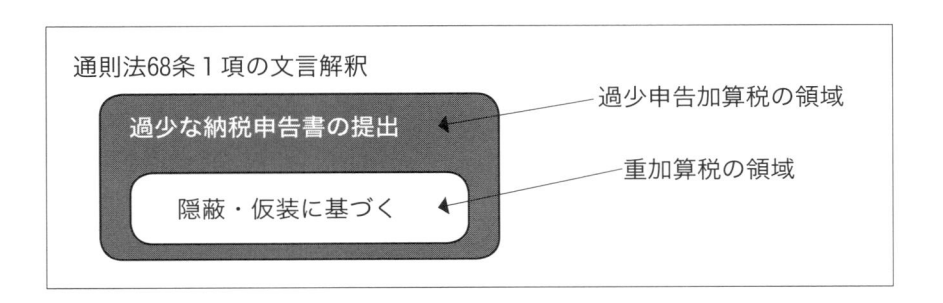

　つまり、このような文理解釈から考えると、過少申告とは別に、「隠蔽又は仮装」の行為が必要であるということになり、過少申告そのものは、直ちに重加算税の賦課要件に該当することにはなりません。

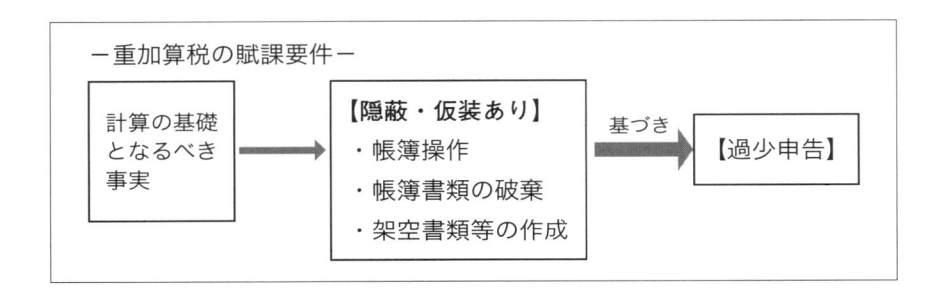

　しかし、帳簿操作等の積極的工作がないとか、取引記録が全く残されていないことをもって「隠蔽・仮装」の行為がないと考えると、どんなに悪質であっても、何もしなければ重加算税が課せられないということになります。このようなことから、積極的な隠蔽等がない場合であっても、いわゆる「ことさら過少」や「つまみ申告」などとして重加算税が課せられています。

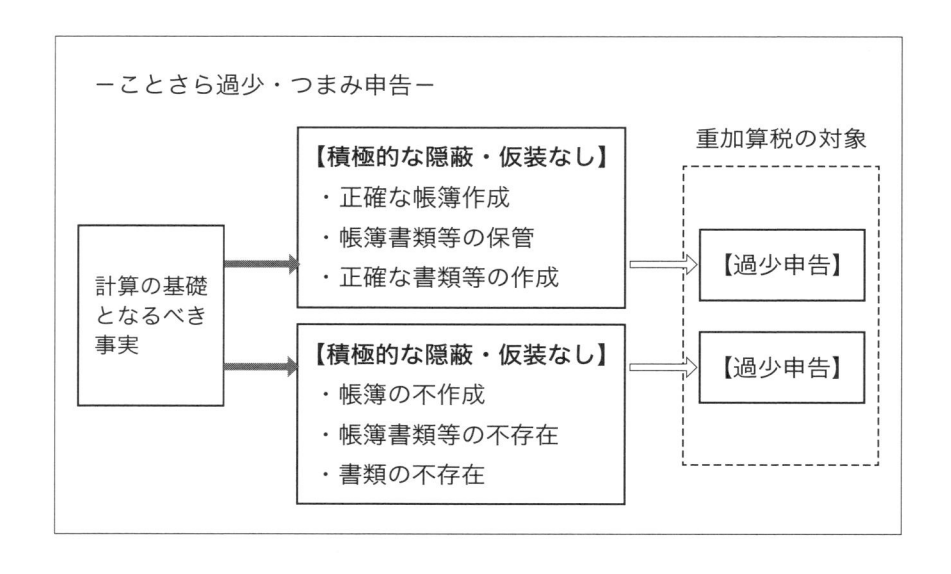

　例えば、帳簿書類から算出できる所得の大部分を３年間にわたって脱漏して、所得金額をことさら過少に記載した内容虚偽の確定申告書を提出したケース（事例88）や、株式等の取引に係る多額の所得を税理士に秘匿して過少な申告書を作成させたケース（事例89）では、最高裁はいずれも、事件の事実関係に照らして重加算税の賦課決定処分は適法であると判断しています。そして、後者における最高裁の判示[注]は、その後の多くの判決・裁決等に引用されています（事例90）。

（注）　〈積極的な工作がない場合に重加算税を認める判例の考え方〉

　　……重加算税を課するためには、納税者のした過少申告行為そのものが隠蔽、仮装に当たるというだけでは足りず、過少申告行為そのものとは別に、隠蔽、仮装と評価すべき行為が存在し、これに合わせた過少申告がされたことを要するものである。しかし、この重加算税制度の趣旨にかんがみれば、架空名義の利用や資料の隠匿等の積極的な行為が存在したことまで必要であると解するのは相当でなく、納税者が、当初から所得を過少に申告することを意図し、その意図を外部からもうかがい得る特段の行動をした上、その意図に基づく過少申告をしたような場合には、重加算税の右賦課要件が満たされるものと解すべきである。

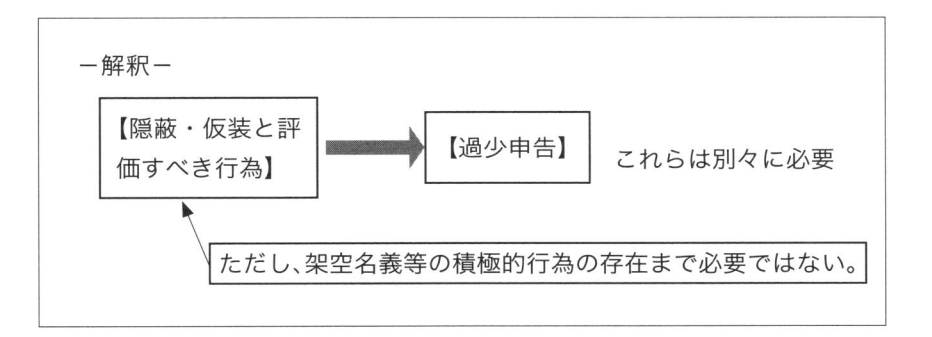

　－解釈－

【隠蔽・仮装と評価すべき行為】　→　【過少申告】　これらは別々に必要

ただし、架空名義等の積極的行為の存在まで必要ではない。

コラム　無申告に対する罰則

　行政制裁である重加算税の賦課要件の成立には、「仮装隠蔽行為」の存在が必要です。

　一方、税法違反に対する刑事罰には、いわゆる脱税犯（偽りその他不正の行為の存在が要件）だけでなく、単純無申告犯（故意の申告書不提出：所法241等）や、無申告脱税犯（脱税の意図を持った故意の申告書不提出：所法238③等）が設けられています。

《事例88》　真実の所得金額の３〜４％程度の当初申告

（つまみ申告）への重加を適法とした事例　☒〔破棄自判〕

（最高裁平成６年11月22日　民集48巻７号1379頁）

〔事件の概要等〕

　本件は、サラリーマン金融を営んでいた白色申告者である個人（甲）が、真実の所得の大部分を申告しておらず、修正申告書を数回提出し、総所得金額について最終的な申告と当初申告との間には最大16億円の差があった事例です。

　甲は、会計帳簿等は正しく記載しており、取引記録等も残していましたが帳簿等に基づかずに過少な申告をしていました。そこで、不正経理等の事実がなく、故意に所得金額を過少に記載した申告書を提出する行為が、重加算税の賦課要件を満たすかが問題となりました。

　下級審では判断が分かれましたが、最高裁は、重加の要件を満たすと判断しました。

| 判断の要旨 | 　甲は、正確な所得金額を把握し得る会計帳簿類を作成していながら、３年間にわたり極めてわずかな所得金額のみを作為的に記載した申告書を提出し続け、しかも、その後の税務調査に際しても過少の店舗数等を記載した内容虚偽の資料を提出するなどの対応をして、真実の所得金額を隠蔽する態度、行動をできる限り貫こうとしているのであって、申告当初から、真実の所得金額を隠蔽する意図を有していたことはもちろん、税務調査があれば、更に隠蔽のための具体的工作を行うことをも予定していたことも明らかといわざるを得ない。
　以上のような事情からすると、甲は、単に真実の所得金額よりも少ない所得金額を記載した確定申告書である |

	ことを認識しながらこれを提出したというにとどまらず、本件各確定申告の時点において、白色申告のため当時帳簿の備付け等につきこれを義務付ける税法上の規定がなく、真実の所得の調査解明に困難が伴う状況を利用し、<u>真実の所得金額を隠蔽しようという確定的な意図の下</u>に、必要に応じ事後的にも隠蔽のための具体的工作を行うことも予定しつつ、前記会計帳簿類から明らかに算出し得る所得金額の大部分を脱漏し、所得金額を殊更過少に記載した内容虚偽の確定申告書を提出したことが明らかである。したがって、本件各確定申告は、単なる過少申告行為にとどまるものではなく、国税通則法68条１項にいう税額等の計算の基礎となるべき所得の存在を一部隠蔽し、その隠蔽したところに基づき納税申告書を提出した場合に当たるというべきである（最高裁昭和46年（あ）第1901号同48年３月20日第三小法廷判決・刑集27巻２号138頁参照）
審　　級	第一審、京都地裁平成４年３月23日〔棄却、控訴〕 控訴審、大阪高裁平成５年４月27日〔取消し、上告〕

〔検討〕

　本件第一審の京都地裁は、当初申告と最終の修正申告との所得金額の較差が極めて大きいこと、甲が、調査時に求められた帳簿書類等を秘匿して提出しなかったこと等を認定した上で、確定申告書の提出前に会計帳簿等に操作を加える等の隠蔽行為があったことを推認し、それをもって通則法68条１項の課税要件を満たすという判断をしています。

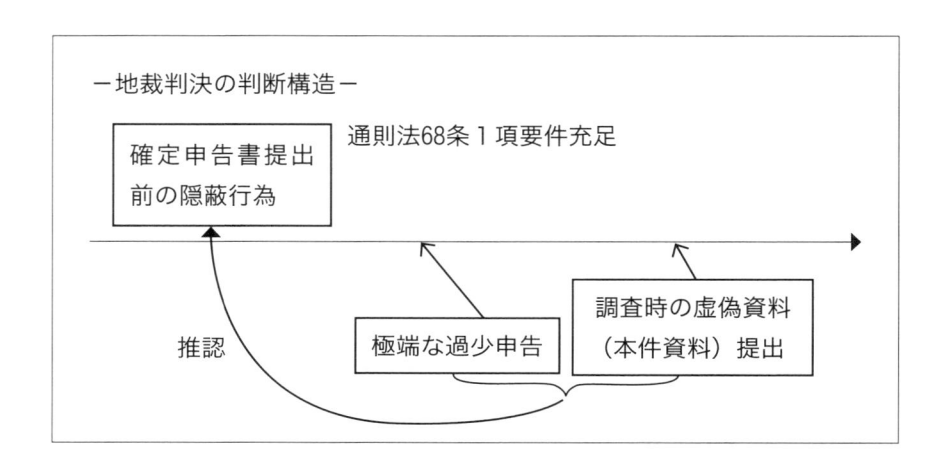

　しかし、控訴審の大阪高裁は地裁の判断を覆して重加を取り消しました。その判断では、まず、甲が売上除外等をせずに正常な会計帳簿を作成していた等から、申告行為がことさらな過少申告ということもできず、仮装等の不正な経理に基づくと認めるに足りる証拠もないとしています。そして、甲が調査時に提出した店舗数を少なく記載する等した資料（本件資料）については、修正申告書が、通則法68条１項の「納税申告書」に含まれると解すると重加算税の賦課要件が充足される可能性があると述べています。しかし、本件では、本件資料と修正申告書には直接の関連性がなく、本件資料に基づいて修正申告書が提出されたということはできないとの判断を示しました。さらに、隠蔽等の時期について、確定申告書提出期限後の隠蔽等は、「法定申告時における隠蔽、仮装行為の存否を推認させる一間接事実となりうるにすぎない。」と述べています。

　つまり、控訴審判決は、隠蔽等に「基づき」という文言の意味に関して、申告書の提出行為よりも先に隠蔽等が存在し、その結果として申告がされるということが必要であるとの解釈を明確に示しているとえいます。

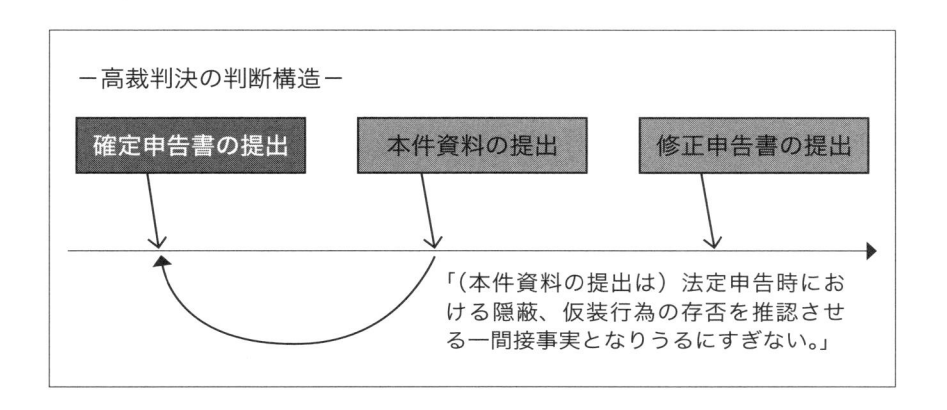

しかし、最高裁では再び判断が覆り、上記のとおり、重加は適法であったとされました。この判断に関して、いわゆる調査官解説によれば、「納税者が当初から真実の所得を隠蔽することを意図して過少申告をしたばかりでなく、外形的、客観的にこのような意図の表れと明らかに認められる特段の行動をしており、所得金額を殊更過少に記載した内容虚偽の確定申告書を提出したことと相まって、税務職員による正確な課税標準や税額の把握を困難にするような態様のものと認められ、国税通則法68条にいう「隠蔽」に当たると評価することができる場合であれば、その意図したところに合わせた納税申告書が提出されている以上重加算税の賦課要件を満たすものと解することができよう。」とあります（最高裁判所判例解説民事編平成６年度602頁）。

〈判断構造〉

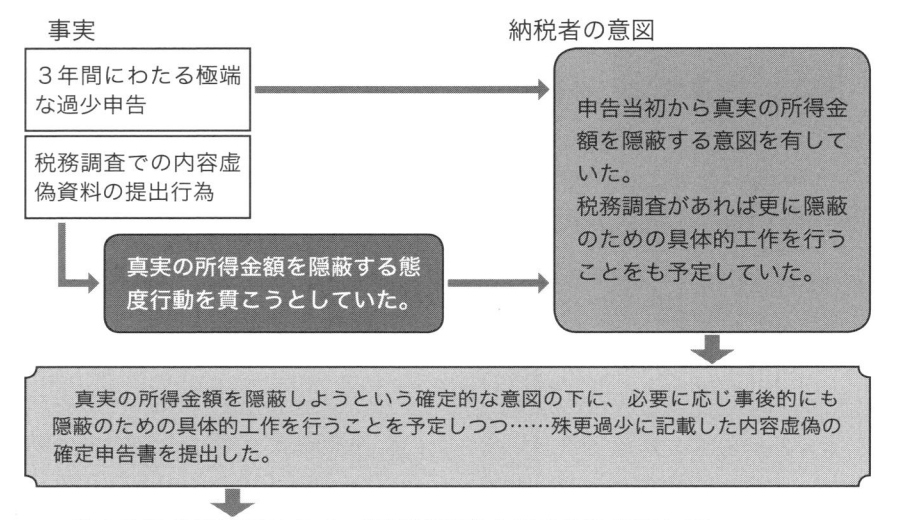

事実　　　　　　　　　　　　　　　納税者の意図

３年間にわたる極端な過少申告

税務調査での内容虚偽資料の提出行為

真実の所得金額を隠蔽する態度行動を貫こうとしていた。

申告当初から真実の所得金額を隠蔽する意図を有していた。
税務調査があれば更に隠蔽のための具体的工作を行うことをも予定していた。

真実の所得金額を隠蔽しようという確定的な意図の下に、必要に応じ事後的にも隠蔽のための具体的工作を行うことを予定しつつ……殊更過少に記載した内容虚偽の確定申告書を提出した。

単なる過少申告ではなく、通則法68条１項の要件を満たす。

《事例89》　多額の所得を税理士に秘匿したことを重加対象とした事例

☒〔上告棄却、確定〕

（最高裁平成７年４月28日判決　民集49巻４号1193頁）

〔事件の概要等〕

　本件は、会社役員で毎年確定申告書を提出していた納税者（甲）が、本業のかたわら株式等の売買をしており、顧問税理士等から申告の必要性を告げられていたにも関わらず、顧問税理士の質問に正しく答えなかった、株式等の取引に関する資料を渡さなかった等、税理士に過少な申告書を作成させたとして、重加算税が課せられた事例です。

　甲は、資料の保存義務や計算義務はないから、資料を保存しなかったことや計算しなかったことは隠蔽行為等に当たらない等、重加の要件を満たさないと主張しましたが、認められませんでした。

| 判断の要旨 | 　これを本件について見ると、甲は、昭和60年から62年までの3箇年にわたって、税務署に所得税の確定申告をするに当たり、株式等の売買による前記多額の雑所得を申告すべきことを熟知しながら、あえて申告書にこれを全く記載しなかったのみならず、右各年分の確定申告書の作成を顧問税理士に依頼した際に、同税理士から、その都度、同売買による所得の有無について質問を受け、資料の提出も求められたにもかかわらず、確定的な脱税の意思に基づいて、右所得のあることを同税理士に対して秘匿し、何らの資料も提供することなく、同税理士に過少な申告を記載した確定申告書を作成させ、これを税務署に提出したというのである。もとより、税理士は、納税者の求めに応じて税務代理、税務書類の作成等の事務を行うことを業とするものであるから（税理士法2条）、税理士に対する所得の秘匿等の行為を税務官公署に対するそれと同視することはできないが、他面、税理士は、税務に関する専門家として、独立した公正な立場において納税義務の適正な実現を図ることを使命とするものであり（同法1条）、納税者が課税標準等の計算の基礎となるべき事実を隠蔽し、又は仮装していることを知ったときは、その是正をするよう助言する義務を負うものであって（同法41条の3）、右事務を行うについて納税者の家族や使用人のようにその単なる履行補助者の立場にとどまるものではない。
　右によれば、甲は、当初から所得を過少に申告することを意図した上、その意図を外部からもうかがい得る特段の行動をしたものであるから、その意図に基づいて甲のした本件の過少申告行為は、国税通則法68条1項所定の重加算税の賦課要件を満たすものというべきである。 |

| 審　級 | 第一審、神戸地裁平成５年３月29日〔棄却、控訴〕
控訴審、大阪高裁平成６年６月28日〔棄却、上告〕 |

《事例90》　FX取引に係る所得を申告しなかったことについて
重加算税の賦課要件を満たさないとされた事例　〇

（国税不服審判所平成20年12月18日裁決

裁決事例集No. 76・42頁　TAINS J76-1-05）

〔事件の概要等〕

　本件は、給与所得者である納税者（甲）が、外国為替証拠金取引（FX取引）に係る所得金額を含めないで申告したことについて、課税庁が、①FX取引に関する周知状況からみて、甲は申告義務を認識し得る状況にあったこと、②FX取引に係る所得金額は甲の給与所得の14～16倍と多額であったこと、③甲が勤務先の年末調整に際して、「年間所得の見積額」欄を空欄のまま勤務先に提出していることなど一連の行為から、甲が、所得を隠蔽することを意図し、その意図を外部からもうかがい得る特段の行動をし、その意図に基づいた過少申告をしたとして重加算税を課した事例です。

　審判所は、最高裁判決（本書P173の（注））の示した判断基準を述べて、本件がそれに当たらないとして処分を取り消しています。

| 判断の要旨 | 　……甲は、パソコンで取引事績を確認すれば売買損益を知ることができたからFX取引に係る所得の申告義務及び多額の所得があったことについては認識していたのではないかという疑いも存する。しかしながら、……税理士等の専門家に相談したといった事実は認められず、また、当初申告当時、甲は、FX取引に係る |

> 　所得について、株式の売買等の場合と同様に、源泉分離課税であると誤解していた可能性も否定できず、甲が当初から所得を過少に申告する意図を明らかに有していたことまでは認められない。
>
> 　また、……「年間所得の見積額」欄を空欄のまま勤務先に提出した行為についても、仮に請求人が本件FX取引に係る所得が源泉分離課税であると誤解していたとすれば、同欄を空欄にして提出する可能性もあり得るのであり、そのような事実をもって、当初から所得を過少に申告するとの意図を外部からうかがい得るような特段の行為をしたとまでいうことはできない。
>
> 　そのほか、……原始資料等をあえて散逸したり、虚偽の答弁、虚偽資料を提出するなど本件調査に非協力であったという事実もない……甲が当初から所得を過少に申告することを意図し、その意図を外部からもうかがい得る特段の行為をした上で、その意図に基づいて過少申告をしたものということはできない。

（2）　故意や認識

　隠蔽・仮装とは、その語義からして故意を含む概念であると解すべきとされています〔金子〕。しかし、ここでいう「故意」は、「脱税の目的」という意味ではない点に留意が必要であり、和歌山地裁昭和50年6月23日（税資82号70頁）は、「隠蔽・仮装」の意義を次のように判示しています。

> 「……の計算の基礎となるべき事実……を隠蔽し、又は仮装し」たとは、不正手段による租税徴収権の侵害行為を意味し、「事実を隠蔽」するとは、事実を隠匿しあるいは脱漏することを、「事実を仮装」するとは、所得・

> 財産あるいは取引上の名義を装う等事実を歪曲することをいい、<u>いずれも行為の意味を認識しながら故意に行なう</u>ことを要するものと解すべきである。

　つまり、「故意」とは、（無意識に行為をすることはできないという意味において、）「隠蔽・仮装」に当たる行為を故意に行うことを指すのであって、「過少申告」を「故意」にするという意味ではないということです。

　したがって、過少申告を行うという意思がなかったということは、重加算税の賦課要件には無関係であり、そのような主張は排斥されています（事例91）。

　なお、このような考え方を重加算税の賦課要件に照らして図解すると次のようになります。

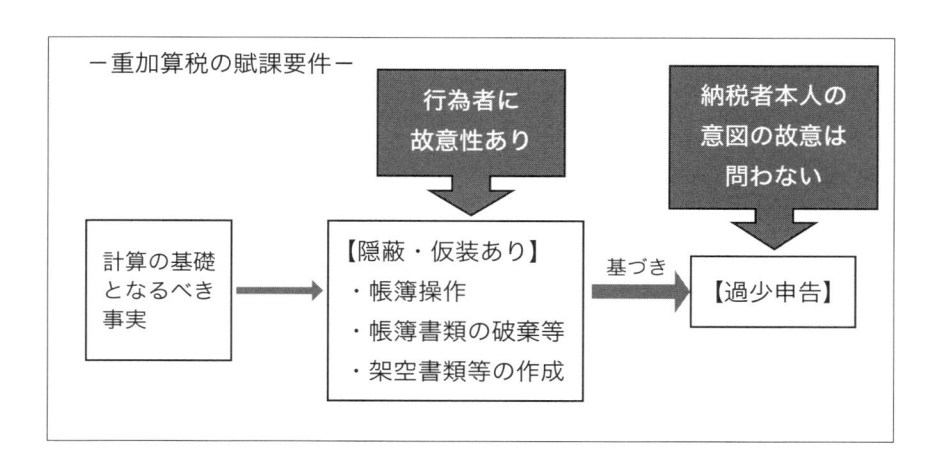

　つまり、虚偽の事実に基づいて申告をしていれば、当然に重加算税の賦課要件を満たすことになります。したがって、仮装隠蔽行為に至るまでの手段行為・結果・その間の因果関係に関する認識がなかったことを

理由に処分の取消しを主張したケース（事例91）、虚偽事実に基づく申告だという認識がなかったと主張したケース（事例92）では、原処分は取り消されずに維持されています。しかし、帳簿仮装があったとしても、過少申告の原因がその帳簿仮装に基づくものではない場合には、重加の要件を満たさないとされていますし（事例93）、隠蔽等と評価できる事実に基づかない申告は、たとえ税額軽減の目的があったとしても、重加の要件は満たさないとされています（事例94）。

　また、遡って値引きの処理をし、請求書を再送付する等していたケースでは、隠蔽等はないと判断され（事例95）、相続財産ではないと誤解していた可能性が否定できないと判断されたケースでは、重加は取り消されています（事例96）。

　さらに、納税者が生活費を必要経費に混入させていたケースでは、納税者が確たる認識を持って生活費を必要経費に算入していたとまでは認めがたいとして重加は取り消されています（事例97）。

《事例91》　過少申告を行うという意思がなかったとの　主張が採用されなかった事例　　　　　　　　　⊠

（熊本地裁昭和57年12月15日判決　訟月29巻６号1202頁）

〔事件の概要等〕

　本件は、仮名による株式等の取引をしていた納税者（甲）が、当該株式等の取引に係る所得を申告していなかったために過少申告となり、重加算税が課せられた事案です。甲は、株式等から所得が発生した事実についての認識がなかったから、自らには仮装隠蔽の事実を基礎として過少な申告を行うという意思がなく、重加算税の賦課要件を満たしていないと主張しましたが、その主張は下線部のように排斥さ

れています。

判断の要旨	……本件取引が仮名を用いて行なわれていたことは当事者間に争いがないところ、このような方法で取引がなされればその取引から発生する所得も結局外部からは架空の仮名人名義のものとしてしか把握できないことになるから、特段の事情のないかぎりかかる仮名での取引が国税通則法68条１項所定の課税標準等の基礎となるべき事実の隠蔽に該当することは明らかであり、甲の申告はその隠蔽したところに基づいてなされたものというべきである。
納税者の主張排斥	……重加算税は同法65条ないし67条に規定する各種の加算税を課すべき納税義務違反が、課税要件事実を隠蔽し、または仮装する方法によって行われた場合に、行政機関の行政手続により違反者に課せられるもので、これによってかかる方法による納税義務違反の発生を防止し、もって申告納税制度の信用を維持し、徴税の実を挙げようとする趣旨に出た行政上の制裁措置であり、故意に所得を過少に申告したことに対する制裁ではないのである。従って、税の申告に際し、仮装、隠蔽した事実に基づいて申告する、あるいは申告しないなどという点についての認識を必要とするものではなく、結果として過少申告などの事実があれば足りるものと解すべきである。 ……仮に甲主張のごとく過少に申告することについての認識が必要であると解されるとしても、……本件雑所得の発生、存在を認識していたものと推認するのが相当であり、仮にそうでないとしてもこれを知り得べきものであったと認められ（およそ本件のような有価証券取引

をなすものがその取引による損益を知り得ないなどということは通常考えられない。)、そうであれば、<u>甲は本件確定申告をなすにあたり本件有価証券取引から生じた雑所得を除外することについての認識があったもの、そうでないとしても過失によりこれを認識しなかったものと認めるべきだから、</u>いわゆる行政罰の性質を有する重加算税賦課の要件として欠けるところはないというべく、いずれにせよ甲の主張は到底採用できない。

上　訴	控訴
審　級	控訴審、福岡高裁昭和59年５月30日〔棄却、上告〕 上告審、最高裁昭和62年５月８日〔棄却、確定〕

〔参考〕

－「故意」の要否－　本件の上告審で、最高裁は次のように判示しています。

> 「重加算税を課し得るためには、納税者が故意に<u>課税標準等又は税額等の計算の基礎となる事実の全部又は一部を隠蔽し、又は仮装し、</u>その隠蔽、仮装行為を原因として過少申告の結果が発生したものであれば足り、それ以上に、申告に対し、納税者において過少申告を行うことの認識を有していることまでを必要とするものではないと解するのが相当である。」

《事例92》　虚偽事実に基づき申告するという認識で

重加は成立するとした事例　

（横浜地裁平成10年６月24日　税資232号769頁）

〔事件の概要等〕

　本件は、納税者（甲）が、土地（本件土地）のみを譲渡したにもかかわらず、土地と居住用建物（本件建物）を共に譲渡したとして、居

住用財産を譲渡した場合の課税の特例の適用を適用して所得税の申告をした事例です。甲は長年にわたって知人（Ａ）に申告事務を依頼しており、甲は、虚偽の事実に基づく申告は誤ってしたものであって故意にしたものではないと主張しました。しかし、裁判所は、虚偽事実に基づく申告という認識が甲にあったことを指摘して、重加は適法と判断しました。

判断基準の要旨	重加算税は……その手段としての仮装隠蔽行為と結果としての過少申告の事実とがあれば成立するものであり、手段行為・結果・その間の因果関係のすべてを認識して仮装隠蔽行為に及んだ場合に初めて成立するというまでのものではないと解するのが相当である。（最高裁昭和45年９月11日第二小法廷判決他） 　……仮装隠蔽に該当するというためには、本人又は本人から依頼された第三者が申告に際し虚偽事実（誤った事実）をもって申告することの認識、すなわち仮装隠蔽の故意をもって行ったということは必要であり、それがなく結果的に不注意により虚偽事実をもって申告したという場合には仮装隠蔽がないために重加算税は成立しないというべきである。
判断の要旨	・虚偽事実の存在……本件建物の譲渡がないにもかかわらず、あったかのような虚偽の事実に基づき申告がされた。また、本件建物は本件土地上に位置しないにもかかわらず、本件建物の大部分が本件土地上に位置するかのような虚偽の事実に基づいて申告がされた。 ・虚偽事実についての認識……甲は本件建物のほとんどは譲渡対象の土地上に位置するものではなく、せいぜい屋根の張り出し部分が一部の箇所で40センチメート

	ル程が本件土地に入っているかもしれないこと、及び甲が買手に対して譲渡したのは本件土地だけであり、本件建物が譲渡対象とはなっていなかったことを十分知っていたのであり、このことは甲の自認するところである。 　……虚偽事実に基づく本件確定申告は、誤ってそのような結果がもたらされたというにとどまらないのであり、甲がAに指示し、Aが甲の意図したところに従いなされたのである。その意味で甲は、虚偽事実に基づく申告をすることを認識していたのであり、当該事実を仮装したということができる。
上　訴	控訴
審　級	控訴審、東京高裁平成11年2月24日〔棄却、上告〕 上告審、最高裁平成11年9月9日〔上告棄却・不受理〕

〈本件の理屈〉

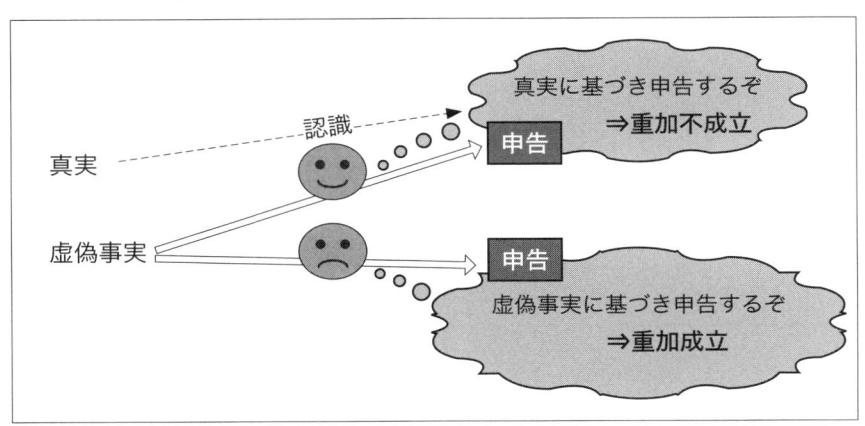

《事例93》 仕入先の名称仮装は「隠蔽等」には当たらないとされた事例 ○

（国税不服審判所平成14年1月24日裁決

裁決事例集No. 63　276頁　国税不服審判所ホームページ）

〔事件の概要等〕

　本件は、輸入取引をした法人（甲）が、所在不明の法人の名称を使用したインボイス等に基づき仕入れを計上するなどしていたところ、原処分庁が、仕入先の名称を仮装して仕入金額を過大に計上したとして、法人税及び消費税の更正処分及び重加算税の賦課決定処分をしたものです。

　審判所は、仕入れ自体は、甲が第三者に委託して輸入したものと認定して、仕入金額が過大であるとした法人税の更正処分を取り消しました。一方で、消費税については、消費税法第30条の帳簿記載要件の問題で仕入税額控除を否認して更正処分を維持し、一方で、重加については、次の理由で取り消しました。

判断の要旨	請求人は、本件唐木家具の仕入れについて帳簿等への記載に当たり、仕入先の名称を×に仮装していたものであるがその仕入先の名称を仮装したところにより課税仕入れの支払対価の額を過大に計上していたものではないから、これは税額等の計算の基礎となる事実を仮装したことには当たらないので、国税通則法第68条第1項に規定する重加算税の賦課決定要件を満たさない。

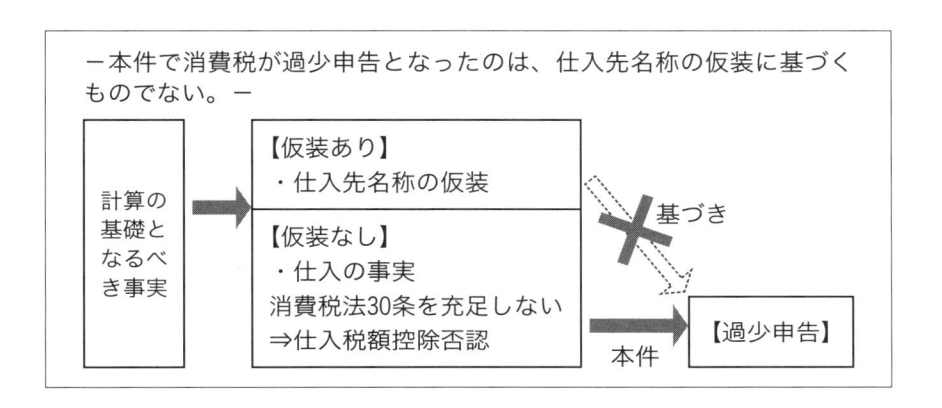

《事例94》 相続人が被相続人名義の預金を引き出して

マンションを購入したことへの重加が取り消された事例 ◯

（国税不服審判所平成23年7月1日裁決　TAINS F0-3-326）【非公表裁決】

　本件の相続人（甲）は、相続開始直前に、被相続人に無断で同人の預金を引き出して被相続人名義でマンションを購入しました。そして甲は、当該マンションを相続財産として申告したため、課税価額が圧縮されることになりました。課税庁は、甲がマンション代金相当額の贈与を受けたものとして（マンションの購入価格と評価額との差額分が過少申告であるとして）更正処分をし、その上で、甲のマンションの取得行為は、隠蔽等に当たるとして重加算税を課しました。

　審判所は、甲のマンション売買契約締結行為は無権代理行為であるが、甲は被相続人の唯一の相続人であるから、**無権代理**行為を**追認**拒絶することは信義則上認められず無権代理行為は有効となり、本人である被相続人が自ら売買契約をしたのと同様の効果が生じるとし[※]、相続財産は、購入代金相当額ではなく、マンションであると判断しました。

　（※）　甲の無権代理行為（売買契約）は原則として無効です。そして、被相続人（本

人）が追認すれば有効、追認拒絶すれば無効です。本件では、本人が死亡しているため、追認拒絶をすることができる本人の地位を甲が相続しています。しかし、無権代理行為を行った甲は、信義則上追認拒絶の権利を行使することはできません。その結果、売買契約は有効なものとして扱われます。

　そして、甲は相続税の軽減を目的として、被相続人に無断でマンションの売買契約を行ったものと認定しましたが、相続税の申告が過少となったのは、マンション評価額とその実勢価額に開差があることにより生じたものであり、相続人の行為によって直ちに生じたものではないから、その行為を隠蔽等と評価できないとして、重加を取り消しました。

　－申告が過少となったのは、隠蔽等と評価できる事実に基づくものではない。－

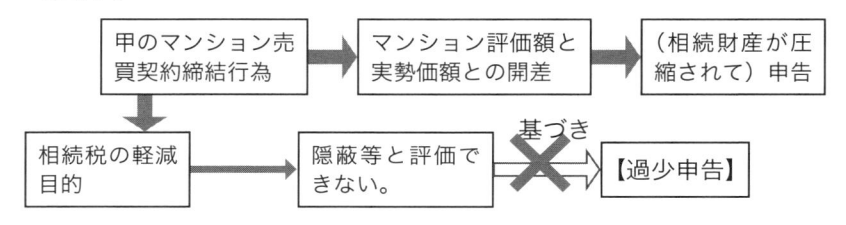

　無権代理……代理権のない者が代理人として法律行為を行うこと。本来はその法律効果を生じないが、効果が帰属する本人が無権代理行為を追認すれば、本人を害することがないので無効な行為が有効なものとなる。

（参考）
　本裁決は、いわゆるタワーマンション節税を利用したケースで、マンションが

相続財産であるという前提で判断が下されています。つまり、評価基本通達に定める評価方法を採用せずに時価を算定したもので^(*)、具体的には、本件の事情から、マンションの取得価額（2億9,300万円）をもって相続開始時の時価と認定しました。

（＊）〔本件の判断部分〕評価基本通達に基づき本件マンションを評価することは、相続開始日前後の短期間に一時的に財産の所有形態がマンションであるにすぎない財産について実際の価値とは大きく乖離して過少に財産を評価することとなり、納税者間の実質的な租税負担の平等を害することとなるから、上記の事情は、評価基本通達によらないことが正当として是認されるような特別の事情に該当するというべきである。

　しかし、本件では、そもそも相続財産がマンションであるという判断（前提）は正しいのかという見方があります。甲は、被相続人に無断で被相続人名義で売買契約をしましたが、本裁決がいうように、無権代理行為であるためにその売買契約の効果は、本人（被相続人）に帰属しません。
　甲は、被相続人に無断でその預金を引き出して売買代金に充てているので、被相続人は甲に対して、不法行為に基づく損害賠償請求権を有するのであり、相続財産はマンションではなく甲に対する損害賠償請求権と整理するのが民法に沿った考え方です。甲は唯一の相続人で、相続によってその損害賠償請求権を取得しますが（法的には混同で消滅しますが）、相続財産として扱われることには影響しません。
　また、甲が被相続人に無断で売買契約を締結したことは、仮装隠蔽と評価する余地は十分あり、そうなると、重加算税の取消しは難しかったかもしれません。
　なお、本件では、たまたま甲の他に相続人がいなかったため、本裁決のとおり、無権代理行為の追認拒絶が認められず売買契約は有効となりますが、仮に複数の相続人がいた場合には、本裁決の考え方を採用できない可能性もあります。

《事例95》　決算修正による帳簿書類等の修正に隠蔽等はないとされた事例　　□O□

（国税不服審判所平成24年6月26日裁決　TAINS F0-2-486）【非公表裁決】

　本件は、12月末決算の法人（甲）が、業務に係る顧問料を値引きすることを平成22年3月に決定して、その処理を平成21年12月31日に遡って帳簿書類等を修正して請求書を再送付する等したところ、それが仮装行

為に当たるとして重加算税が課せられた事例です。

　審判所は、甲の一連の行為は、一般に法人が行う処理と相違するような不自然な点はなく、通則法68条１項の隠蔽仮装はないと判断しました。

《事例96》　生命保険契約に関する権利等を当初申告に
　　　含めなかったことは隠蔽等に当たらないとされた事例　○

（国税不服審判所平成17年３月25日裁決　TAINS F0-3-250）【非公表裁決】

　本件は、生命保険契約に関する権利や預貯金等が当初申告に含められていなかったことについて、課税庁が、納税者（甲）は相続財産であることを認識していたにもかかわらず申告しなかったのであり、隠蔽等に当たるとして重加算税を課した事例です。

　審判所は、甲が受領した金員（保険の解約返戻金等）については相続財産として申告していることからして、甲は現金化したもののみが相続財産であると誤解して保険契約に係る権利を申告書に記載しなかった可能性が否定できない等として、重加を取り消す判断を下しました。

《事例97》　家事費を必要経費に混入させていたが
　　　重加は相当ではないとした事例　○

（国税不服審判所平成16年６月10日裁決　TAINS F0-1-252）【非公表裁決】

　本件は、生活費等が不動産所得の必要経費とされていたことについて、課税庁が、納税者（甲）は、生活費が必要経費に算入できないことを十分知りながら、生活費の支払を経費にしていたとして、重加算税を課した事例です。

　納税者は、審判所に対して、収入金額の５％までは雑費が認められると聞いていたから、確定申告の際は領収証を持参して税務署に行き、収入金額の５％前後になるように生活費の領収証をつけたが、生活費は本

来必要経費にならないかもしれないと思っていた等と述べています。

　審判所は、納税者については、生活費が必要経費に当たらないという確たる認識を持った上で、必要経費に算入していたとまで認めがたいと述べ、課税庁については、どの領収証等に係る金額が必要経費に算入されたのか隠蔽仮装事由に当たるとする範囲を明らかにできていないとして、重加算税を課すことは相当ではないと判断しました。

（3）　その他

　法人税重加通達第1の3（巻末P231）は、いわゆる期ズレは重加算税の対象とならない旨を定めていますが、「取引の相手方との通謀又は証ひょう書類等の破棄、隠匿若しくは改ざんによるもの等」に当たれば、同通達の適用はありません（事例98）。そして、裁決においても、仕入れに係る損金算入時期の誤りについて意図的な計上時期の操作等が認められない場合は重加は取り消されています（事例99）。しかし、税負担軽減目的による意図的な計上時期の操作であると認定された事例では、重加は適法とされています（事例100）。

　さらに、隠蔽等により過少となった所得金額の影響で所得控除等が過大となった場合には、その所得控除等に対応する部分についても、重加算税の対象とされます（事例101）。

　なお、源泉重加通達4（巻末P251）は、認定賞与等について法人税の重加算税が賦課される場合には、原則として、当該認定賞与の金額のうち、重加算税の対象とされる金額に達するまでの金額は、源泉所得税の重加算税の対象として扱わない旨を定めていますので、法人税と源泉所得税で二重に重加算税が課せられることはありません。

《事例98》 法人税重加通達第１の３の「改ざんによるもの等」の 「等」に関する判示　×〔控訴審で確定〕

（東京地裁平成20年10月31日　税資258号順号11068）

　本件は、納税者（甲社）が投資収益に係る収入を繰り延べて計上していたことについて、課税庁が、それを意図的な集計違算であるとして重加算税を課した事例です。

　甲社は、法人税重加通達３柱書（巻末P231）の「証ひょう書類等の破棄、隠匿若しくは改ざんによるもの等でないとき」に該当する等と主張しましたが、裁判所は、同通達の「等」には、最高裁平成７年４月28日判決（本書事例89）にいう「当初から所得を過少に申告する〔中略〕意図を外部からもうかがい得る特段の行動」に該当するものはすべて含まれるものと解するのが相当であると判示しました。そして、本件においては、データの改ざん及びこれに基づく帳簿書類の作成等の行為が上記「特段の行動」に該当するものと認められる以上、本件は同通達の定めに含まれず、重加は適法であると判断しています。

《事例99》 輸入取引に係る仕入れについて損金算入時期に 誤りがあった事例　○

（国税不服審判所平成12年１月31日裁決　裁決事例集No. 59・47頁）

　本件は、仕入代金の決済を信用状に基づいて行っていた者（甲）が、決済金額と船積商品との差異等から生じた調整金を簿外預金に預け入れていたこと等から、重加算税を課せられた事案です。

　審判所は、送金済の資金は直ちに仕入計上すべきものではないが、仕入れに計上すべき金額とは明確な対応関係がみられるので、仕入代金の前渡金とみるのが相当であり、この前渡金は、甲の会計処理や取引における特約条項によるもので、一時的に発生するものであると認めていま

す。そして、仕入計上額は、架空、金額の水増し又は重複計上によって過大に計上したものではなく、かつ、意図的な計上時期の操作及び原始記録等の改ざん等の不正が行われているとは認められないとして、重加を取り消しました。

《事例100》税負担軽減目的による所得額調整は、

重加の要件を満たすとされた事例　 ✕ 〔上告不受理で確定〕

（名古屋地裁平成20年10月30日　税資258号順号11066）

　本件は、納税者（甲）が法人税の確定申告において、経費の繰上計上や収入の繰延計上をしていたために、過少申告となり、更正処分及び重加算税の賦課決定処分を受けた事例です。

　甲は、法人税重加通達等を根拠に、売上の繰越しや、経費の繰上げといった期間損益の変動による所得の減少に係るものは、重加算税の賦課要件を充足しないと主張しましたが、裁判所は、甲が、経理処理を税負担軽減の目的で意図的にしたことを認め、重加は適法であると判断しました。

《事例101》隠蔽等による過少申告に連動した

過大な所得控除等も重加の対象とした事例　

（東京地裁平成元年７月13日　税資173号126頁）

〔事件の概要等〕

　本件は、納税者（甲）が売上除外等を行って、所得税の申告が過少となり、過少申告加算税及び重加算税が課せられた事例です。

　甲は、総所得金額が過少であったことに連動して、医療費控除等の所得控除等が過大となっていた点については、ことさら意図して控除額を過大に計算したものではなく、重加算税の対象とならないと主張しましたが、その部分も重加の対象となると判断されました。

判断の要旨	……当時の所得税法及び租税特別措置法によれば、甲が各年分の確定申告書に記載した雑損控除、医療費控除及び配当控除の各控除額は、甲の各年分の実際の総所得金額のもとにおいては、本来、減少又は控除されないものである……したがって、甲は、総所得金額を不当に過少申告した結果、過大控除となった雑損控除額及び医療費控除額に対する税額を免れ、税額控除である配当控除までも過大に受けていたものである。 　以上によれば、甲は、事実を仮装又は隠蔽し、その仮装又は隠蔽したところに基づいて確定申告をしたものであるから、国税通則法68条１項に該当するものであることは明らかである。 　……総所得金額を不当に過少に申告したことにより、雑損控除、医療費控除及び配当控除を過大に受けたものであるから、この過大な控除額も、事実を隠蔽仮装して不当に過少申告したことと相当因果関係内にあるものとして、重加算税賦課の対象となるものというべきである。
上訴	控訴
審級	控訴審、東京高裁平成２年８月30日〔棄却、確定〕

【5】　基づき（隠蔽等の時期）

〔ポイント〕

　重加算税は、隠蔽等に基づき納税申告書が提出されることが賦課要件とされていますから、重加算税の適否判断においてどの時期までに行われた隠蔽等かが、論点となることがあります。これを厳密に捉える立場

からは、重加算税の納税義務の成立時期が、「法定申告期限の経過の時（通則法15②十三）」と規定されていることに鑑みて、隠蔽等が法定申告期限までに存在することが必要であると解されます。

〈条文の文言〉

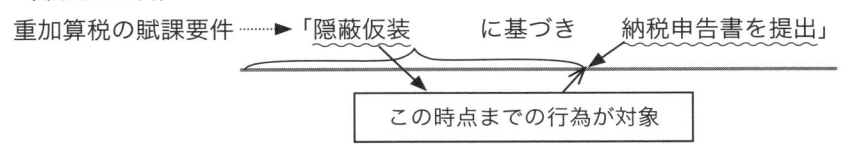

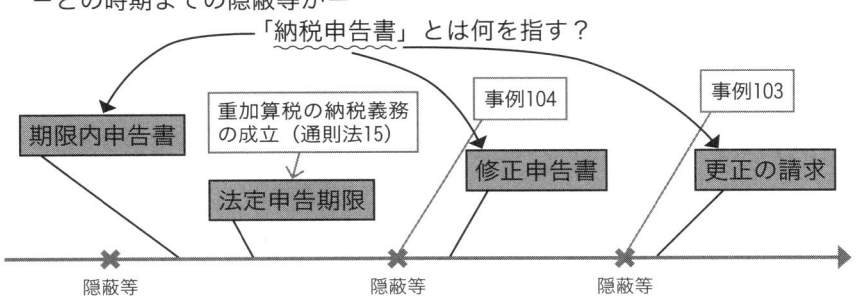

　もっとも、裁判所は、修正申告書提出時までの仮装行為も対象となると判示しています（事例102）。

　また、当初申告の後、更正の請求に当たってなされた隠蔽仮装行為が問題となったケースでは、行為の時期に言及せずに、重加算税の賦課要件を満たすとされています（事例103）。

　なお、古い判決では、納税者が売買を隠蔽して申告しなかったことが賦課要件を充足するとして、確定申告期限後の納税者の行為（虚偽の売買契約書作成）は、隠蔽仮装の意思を判断するための資料に過ぎないと判示しています（事例104）。

《事例102》当初申告の際に隠蔽等がなくとも
重加の要件は満たすとした事例 ☒

（東京地裁平成16年１月30日　訟月51巻８号2183頁）

〔事件の概要〕

　本件は、相続税の当初申告の際に相続財産に含まれていなかった無記名金融債（本件金融債）の隠蔽等の時期が問題になった事案です。

　相続人（甲）は当初、相続税調査で調査担当者から確認を求められたものの、本件金融債を相続財産に含まない１度目の修正申告書を提出し、２度目の修正申告において、それを相続財産として申告しました。

　裁判では、まず、甲が当初申告までに本件金融債の存在を認識していたかどうかが争われましたが、裁判所は当初申告の前には認識していなかったと判断しました。そして、重加算税の賦課要件である隠蔽又は仮装と評価すべき行為の時期が、当初申告の時に存在していなくても重加算税の賦課要件は満たすとの判断が示されました。

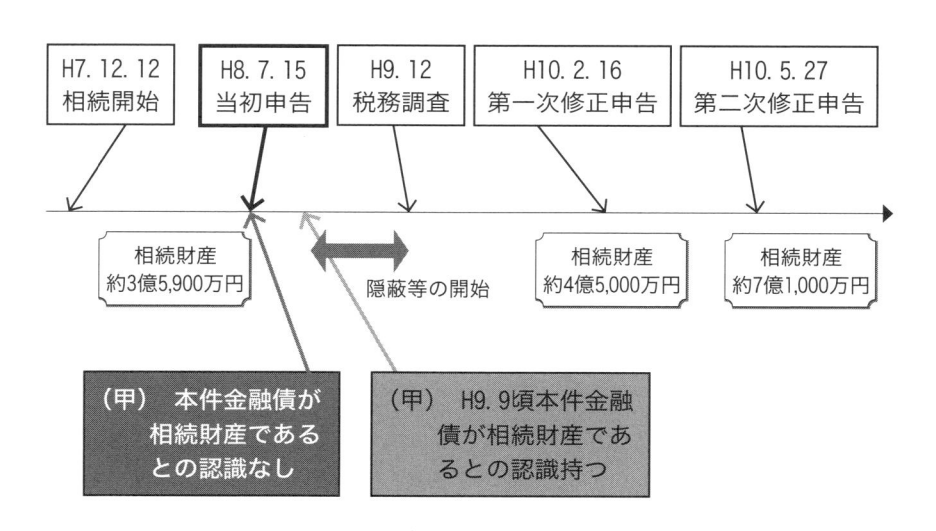

隠蔽等	甲は多額の金融債を金融機関の各本支店の窓口に持参し、その一部を償還し、現金化したうえで当該現金とともに別の本支店の窓口に赴き、新たに金融債を購入するとともに、別途、多額の金融債を償還して現金化するということを繰り返し行っていた。
判断基準等	通則法68条1項にいう「納税申告書」とは、申告納税方式による国税に関し国税に関する法律の規定により、課税標準等及び税額等の事項その他当該事項に関し必要な事項を記載した申告書をいうところ（同法2条6号）、修正申告書（同法19条3項）も「納税申告書」に該当することは、同法の上記規定に照らして明らかであり、同法68条1項の文理上、通常の期限内申告と修正申告を別異に解すべき理由はない。…… 　昭和37年に通則法が制定される以前の旧所得税法57条1項、旧法人税法43条の2第1項及び旧相続法54条1項において、重加算税の要件として「隠蔽又は仮装したところに基づき確定申告書、修正申告書等を提出していたとき」旨規定し、修正申告書の提出の場合が含まれることは明らかであったものであるが、通則法の制定において、上記各旧法の取扱いを実質的に変更したと認められるような事情も見当たらない。 　…通則法68条1項にいう「納税申告書」には、同法19条3項所定の修正申告書も含まれるというべきであって、納税義務者が、その国税の課税標準等又は税額の基礎となるべき事実の全部又は一部を隠蔽し、又は仮装し、その隠蔽し、又は仮装したところに基づいて修正申告書を提出していたときは、その納税者に対して重加算税を課することができると解するのが相当である。

判断の要旨	甲は、平成９年９月ころには、本件金融債が相続財産であることを認識し、かつ、その存在が発覚しないように、そのころから、煩雑な償還及び購入の手続をあえて行い、同年12月に行われた税務調査の中で本件金融債の存在について何度も確認を求められたにもかかわらず、他の共同相続人とともにその存在を否定して、本件金融債を除外した本件第１次修正申告書を提出したものであり、かかる甲の行為は、相続税の課税標準等の計算の基礎となるべき事実の一部を隠蔽したものと認められる。
結果〔上訴等〕	棄却〔控訴〕
審　級	控訴審、東京高裁平成16年７月21日〔棄却、確定〕

《事例103》更正の請求の際に行われた仮装行為への重加を適法とした事例　　☒〔控訴審で確定〕

（静岡地裁昭和57年１月22日　税資122号26頁）

　本件は、譲渡所得の申告について、取得費に算入すべき借入金利子であるとして領収証を偽造して更正の請求を行い、課税庁に減額更正をせしめ、その後にその虚偽が発覚した事例です。裁判所は、借入金利息の支払いを仮装した事実は重加算税の賦課要件を満たすとの判断を下しています。

《事例104》確定申告期限後の納税者の所為は意思を判定する資料にすぎないとした事例　　☒〔確定〕

（大阪地裁昭和50年５月20日　税資81号602頁）

　本件における納税者は、昭和43年中に土地の売却をしたにもかかわら

ず、昭和45年１月中旬頃に、昭和44年に売買されたかのような売買契約書を作成しました。

　裁判所は、昭和43年分の所得税の申告において売買を隠蔽して譲渡所得を申告しなかったことについて重加算税が課せられると判断しました。しかし、申告期限後の納税者の所為（売買契約書の作成等）は、確定申告時において当該納税者が隠蔽又は仮装の意思を有していたか否かを判定するための資料となるに過ぎないと判示しています（同旨のものとして、事例88の控訴審大阪高裁平成５年４月27日判決）。

【6】 源泉所得税に係る重加算税

　源泉徴収による国税が法定納期限までに完納されなかった場合には、不納付加算税が課せられますが（通則法67）、それに関して隠蔽仮装があれば、不納付加算税に代えて重加算税が課せられます（通則法68③）。

　事例としてはあまり多くありませんが、法人代表者が法人から得た金員が給与と認定されて重加算税が課されるケースはあります（事例105）。また、非公表裁決でTAINSにも収録がありませんので、詳細は明らかではありませんが、源泉徴収義務者が、他人名義で源泉所得税を納付していたケースや（事例106）、使用人給与等の支払いを事業実体のない関連法人に対する外注費に仮装していたケースでも（事例107）、重加算税の賦課は適法とされています。

《事例105》学校法人の理事長が権限を濫用して学校法人から得た金員が給与と認定された事例　×

（さいたま地裁平成15年８月27日　税資253号順号9417　TAINS Z253-9417）

〔事件の概要等〕

本件は、学校法人（甲）からその理事長（Ｘ）に支払われた金員について、源泉徴収に係る所得税の納税告知処分及び重加算税の賦課決定処分がされたために争いとなった事例です。

Ｘは、自らした取引のために5,000万円を支払い領収書を受領しましたが、後になって、その5,000万円は甲が支払うべき金員をＸが立替払いしたものであるとして、領収書の宛先をＸから甲に書き換えさせるなどして、甲からＸに5,000万円（本件金員）が振り込まれました。

裁判所は、本件金員は、いわゆる裏給与（裏賞与）と同視して差し支えないと判断して原処分を維持しました。

行為者	学校法人の理事長
主な事実関係	Ｘは、甲の設立時以降約21年間にわたり、理事長を務めていた。そして、法人の業務は理事会で決定すると定められていたものの、実際には理事会は決算の時期にしか開催されず、開催された際も理事長である乙が２、３ページ程の簡単な決算報告書を配布し、その内容を簡単に説明するだけで終了するという形骸化したもので、Ｘは甲における絶対的な権力者として甲の業務を独断専行的に行い、Ｘの意向に関し異議を唱えると「辞めてもらうしかない」などと言われるため、他の理事会役員や事務職員がＸの意向に異議を唱えることは皆無という状況にあった。
隠蔽等	甲の本件金員の支払いについて、甲が土地を売却してその

	仲介手数料等として5,000万円を支払ったかのように仮装し、甲のXに対する経済的利益（5,000万円）の供与という事実を隠蔽した。
判断の要旨	Xは、甲の業務を独断的に専行し、甲の経営を掌握・支配していたものであるから、Xが甲の会計担当者に指示し、甲の口座からXに本件金員を送金させたことは、甲が甲の意思に基づきXに本件金員を支払ったと同視できる。
上訴	なし〔確定〕

（参考）

　本件処分時にXは理事長を辞任しており、甲はXに対し、不法行為又は不当利得に基づいて、5,000万円の支払を請求する訴訟を提起していました。この点、甲は被害者であり、甲に源泉徴収義務を課することは、不当ではないかとの議論もあり得ますが、これについて判決は次のように判示しています。

　しかしながら、横領等の被害者たる法人は代表者に対して不法行為・不当利得又は債務不履行を原因とする損害賠償請求をすることにより損害の回復を図ることができ、その損害回復が実現したときは給与（賞与）の支払はなかったものとして源泉徴収にかかる租税につい更正請求ができると考えられる。また少なくとも、源泉徴収義務者は国に源泉徴収の差額を追加納付又は徴収された場合、その差額について所得の受給者に求償することができる（所得税法222条）。そして、安価な徴税費により公平・漏れなく確実に所得税の確保を図るという源泉徴収制度を定めた所得税法の趣旨に徴すると、法人から法人の役員等に対し利益の移動があり、給与（賞与）の支払いがあったと認定される場合、支払者に原則的に源泉徴収義務を課し、支払者と受給者との清算の問題は両者の私法上の措置に委ねるということはそれなりに合理性があると認められる。なぜなら、法人から役員等に利益移動があったと認められる場合において

も、それが横領等の不法行為となるかどうかは代表者や役員の権限行使の実情、利益移動の内容等にしたがい個々の事例ごとに千差万別であり、法人が役員に対する当該支出を追認したり和解したりすることもあり得る。そこで、このように法人の意思で役員等に対し利益移動が行われた場合でありながら、それが横領であるから等の理由から源泉徴収義務を猶予するのを認めるのは他の場合と比べて税負担の不公平を招きかねないし、仮に法人が被害者的立場に立つとした場合にも、当該法人に源泉徴収義務を課すのが必ずしも酷の結果をもたらすともいい難いから、上記議論は採用できない。

（参考）
　本書事例58は、事実関係が類似していますが、原処分において重加算税の賦課はなく不納付加算税の賦課決定処分のみが行われました。

《事例106》源泉徴収義務者が他人名義で源泉所得税を納付していた事例

国税不服審判所平成17年12月14日裁決【非公表裁決】（要旨のみ）

　請求人らは、被相続人が源泉所得税を他人名義で納付したのは、被相続人が酒店を営んでいたことから、平成11年6月25日付課酒1－36の法令解釈通達により、酒類を提供する飲食店の兼業は許されないと思い込み、やむを得ず源泉所得税を他人名義で納付し、本人名義で原処分庁に納付しなかったものであり、国税通則法第68条第3項に規定する「事実の全部又は一部を隠蔽し、又は仮装し、その隠蔽し、又は仮装したところに基づきその国税を法定納期限までに納付しなかったとき」には当たらない旨主張する。

　しかしながら、国税通則法第68条第3項では、不納付加算税を徴する場合において、納税者が事実の全部又は一部を仮装し、その仮装したと

ころに基づき源泉所得税を法定納期限までに納付しなかったときは、重加算税を徴収する旨規定されており、ここでいう事実を仮装するとは、所得、財産あるいは取引上の名義を装う等事実をわい曲することをいい、他人名義の利用はこれに当たると解される。本件の場合、被相続人は、その所得が帰属する飲食店の経営者であり、源泉所得税の源泉徴収義務者として、源泉所得税をその法定納期限までに原処分庁に納付すべき義務を負っているにもかかわらず、自分を飲食店の従業員であるとして確定申告をし、他人名義で源泉所得税を納付する一方、被相続人名義での納付を法定納期限までにしなかったものであり、こうした被相続人の行為は、国税通則法第68条第３項に規定する「納税者が事実の全部又は一部を仮装し、その仮装したところに基づき源泉所得税を法定納期限までに納付しなかったとき」に該当するから、重加算税の賦課決定処分は適法である。

《事例107》架空外注費として処理することで給与に係る源泉所得税を納付していなかった事例 ☒

国税不服審判所平成23年３月９日裁決【非公表裁決】（要旨のみ）

請求人は、請求人の各関係法人には実体があり、請求人が支払った各外注費の支払に隠蔽又は仮装はない旨、また、仮に法人税及び消費税等に係る原処分が適法であったとしても、源泉所得税の納付については源泉徴収義務者の名義が違うだけで国に損害は与えておらず、このことからも隠蔽又は仮装の事実はない旨主張する。

しかしながら、請求人の各関連法人には何ら事業実体がなく、請求人と各関係法人との取引等についてはすべて実在しないのに業務請負契約等の虚偽の契約書を作成するなどして、あたかも存在するかのように仮装したものと認められる。また、国税通則法第68条《重加算税》第３項

の規定は、同法第67条《不納付加算税》第１項に規定する加算税を課す
べき納税義務違反が事実の隠蔽又は仮装という不正な方法に基づいて行
われた場合に、納税者が税額等の計算の基礎となるべき事実の全部又は
一部を隠蔽し、又は仮装することを認識し、その結果として源泉所得税
が法定納期限までに納付されていない場合にはその賦課要件を充足する
ものであるところ、請求人は、何ら事業実体のない各関連法人に対する
各外注費を架空に計上し、実際には請求人が支払っていた使用人給与等
の源泉徴収義務者を各関連法人であるかのように仮装し、請求人が納付
すべき源泉所得税を法定納期限までに納付していなかったのであるか
ら、源泉所得税についても、隠蔽又は仮装の事実はあったというべきで
ある。

3　通則法68条４項

要件	前３項の規定に該当する場合において、　　　　　　　　　　（A）
	これらの規定に規定する税額の計算の基礎となるべき事実で隠蔽し、又は仮装されたものに基づき期限後申告書若しくは修正申告書の提出、更正若しくは第25条（決定）の規定による決定又は納税の告知（第36条第１項（納税の告知）の規定による納税の告知（同項第２号に係るものに限る。）をいう。以下この項において同じ。）若しくは納税の告知を受けることなくされた納付があつた日の前日から起算して５年前の日までの間に、　　　　　　　　　　（B）
	その申告、更正若しくは決定又は告知若しくは納付に係る国税の属する税目について、無申告加算税等を課され、又は徴収されたことがあるときは、　　　　　　　　　　（C）
効果	前３項の重加算税の額は、これらの規定にかかわらず、これらの規定により計算した金額に、これらの規定に規定する基礎となるべき税額に100分の10の割合を乗じて計算した金額を加算した金額とする。

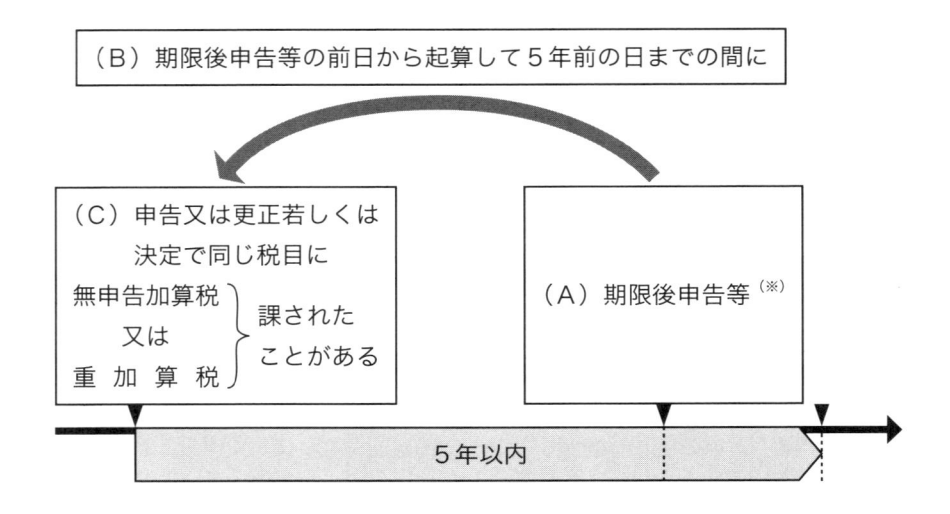

（※）　期限後申告等とは、期限後申告書又は修正申告書の提出（更正又は決定を
　　　予知してされたものに限ります。）、更正又は決定の処分、納税の告知又は告
　　　知を受けることなくされた納付をいいます。

　通則法68条４項は、意図的な無申告あるいは仮装隠蔽といった悪質な
行為を繰り返す者に対して加算税を加重するという趣旨で、平成28年度
税制改正によって創設された規定です。なお、同趣旨で通則法67条４項
にも新たな規定が設けられました(*)。

　これによって、無申告加算税又は重加算税が課される場合に、過去５
年以内に同税目で無申告加算税又は重加算税が課せられていたときは、
加算税が10％加重されることになります。

　この加重措置は、平成29年１月１日以後に法定申告期限が到来する国
税について期限後申告等があった場合に適用されます。

　なお、過少申告加算税及び源泉所得税に係る不納付加算税については、
この加重措置の適用はありません。

	通常の加算税	過去5年以内に無申告加算税又は重加算税
無申告加算税	15％（20％）	25％（30％）
重加算税（過少）	35％	45％
重加算税（無申告）	40％	50％
重加算税（不納付）	35％	45％

（※）（　）は一定額を超える無申告についての無申告加算税の割合。

（＊）　通則法66条《無申告加算税》4項
　　　第1項の規定に該当する場合（同項ただし書若しくは第7項の規定の適用がある場合又は期限後申告書若しくは第1項第2号の修正申告書の提出が、その申告に係る国税についての調査があつたことにより当該国税について更正又は決定があるべきことを予知してされたものでない場合を除く。）において、その期限後申告書若しくは修正申告書の提出又は更正若しくは決定があつた日の前日から起算して5年前の日までの間に、その申告又は更正若しくは決定に係る国税の属する税目について、無申告加算税（期限後申告書又は同号の修正申告書の提出が、その申告に係る国税についての調査があつたことにより当該国税について更正又は決定があるべきことを予知してされたものでない場合において課されたものを除く。）又は重加算税（第68条第4項《重加算税》において「無申告加算税等」という。）を課されたことがあるときは、第1項の無申告加算税の額は、同項及び第2項の規定にかかわらず、これらの規定により計算した金額に、第1項に規定する納付すべき税額に100分の10の割合を乗じて計算した金額を加算した金額とする。

4 重加算税の税率と計算

　重加算税は、過少申告加算税、無申告加算税又は不納付加算税の賦課要件を満たしている場合において、隠蔽・仮装があるときに、各加算税で適用される税率に代えて次の税率が適用されて課されるものです。

通常の加算税	基本税率	4項適用 （P207～）
過少申告加算税に代えて課される重加算税（1項）	35%	45%
無申告加算税に代えて課される重加算税（2項）	40%	50%
不納付加算税に代えて課される重加算税（3項）	35%	45%

　重加算税の税率自体はシンプルですが、通常の加算税と重加算税が混在する場合等、計算が複雑になるケースがあります。

（例1）　期限内申告による納付すべき税額は、3,000,000円であった。
　　　　修正申告（又は更正）による納付すべき税額は、5,000,000円であったが、そのうち、重加算税の対象となる税額（仮装隠蔽事実に係る税額）は、1,000,000円であった。なお、過去5年以内の無申告等（4項適用）はない。

　①　重加算税
　　　1,000,000円×35%＝350,000円
　②　過少申告加算税
　　　（5,000,000円－1,000,000円）×10%＝400,000円　　　　　……(ｱ)

$$\{(5,000,000円-1,000,000円)-1,000,000円\}\times5\%=150,000円 \quad\cdots\cdots(イ)$$

(ア)　+　(イ)　=<u>550,000円</u>

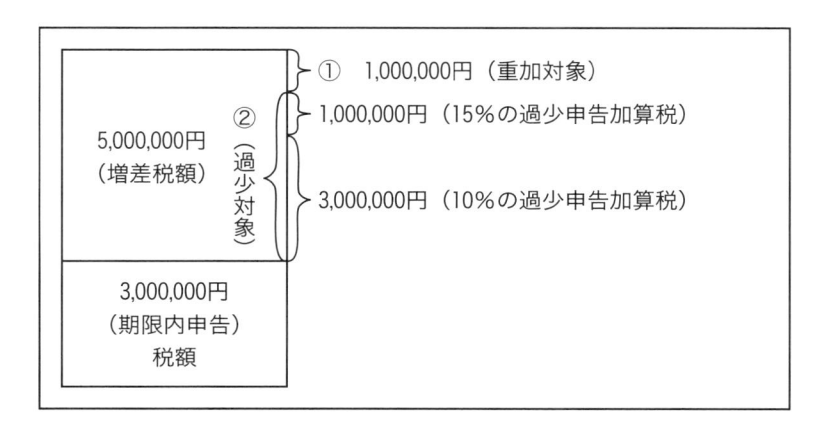

　なお、重加算税の計算の基礎となる税額（本税）は、増差税額全体から、隠蔽仮装がない事実に基づき計算した税額を控除して計算します。
〔参考：法人税重加通達第3の1（重加対象税額の計算の基本原則）〕

（例2）　法人税の調査により、支出が役員給与と認定された。更正処分による増差税額は1,000,000円であった。法人税及び源泉所得税について重加算税の対象となる隠蔽等が認定されている。4項適用はない。

○法人税
　重加算税　1,000,000円×35％=<u>350,000円</u>（重加算税）
○源泉所得税
　法人税において重加算税の計算の基礎となっているため、原則として、その認定給与の金額のうち、法人税の重加算税対象とされる所得の金額に達するまでの部分については、源泉所得税及び復興特別所得税の重加算税の対象とはならない。
〔参考：源泉重加通達4（認定賞与等に対する重加算税の取扱い）（本書P251）〕

（例3）　所得税を期限内に申告していなかった納税者は、平成3X年10月1日、所得税の決定処分と重加算税の賦課決定処分を受けた。その納税者は、そ

の更正処分の日の前日から起算して５年前の日までの間に、所得税につい
て無申告加算税を課せられたことがある。

　今回の重加算税の対象となった所得税額は、300,000円である。

　無申告加算税に代えて課される重加算税は、４項の適用により50％

300,000円×50％＝ <u>150,000円（重加算税）</u>

（注）

○４項の加重措置は、平成29年１月１日以後に法定申告期限等が到来する国
　税について期限後申告等があった場合に適用されます。
　したがって、平成28年12月31以前に法定申告期限等が到来した国税に係る
　期限後申告等に基づき課される加算税には、この加重措置の適用はありま
　せん。
○期限後申告等があった日が加重措置適用の判定における基準日となるた
　め、基準日から遡って５年以内に無申告加算税又は重加算税が課されたこ
　とがあるか否かの判定においては、平成28年12月31日以前に法定申告期限
　等が到来した国税に係る期限後申告等に基づき課された加算税を含めて判
　定されます。

コラム　却下と棄却

「却下」、「棄却」及び「取消し」の意味は、次のとおりです。

① 却下

　訴えそのものが不適法である場合には、申立ての理由があるか否かの実質審理に入らずに排斥されることとなります。いわゆる門前払いといわれるもので、これを「却下」といいます。減額更正処分を違法として訴えるなどした場合は、対象となる処分が申立人の権利又は法律上の利益を侵害するものではないので、不適法な訴え（審査請求）として却下されます。

② 棄却

　裁判（審査請求）の実質審理が行われた結果、主張には理由がないという判断がされた場合（申立人の主張が認められなかった場合）、結論は「棄却」となります。申立人の主張に理由があったとしても、課税標準等や税額等に係る処分に関する争いの場合、納付すべき税額が減少しないとき等は棄却となります。

③ 取消し

　事件の実質審理が行われた結果、訴え（審査請求）には理由がある（原処分には違法がある。）と判断がされた場合、原処分を取り消す判決（裁決）がされます。取消しには「全部取消し」と「一部取消し」があります。

　例えば、当初申告で税額200として申告していたところに増額更正処分によって、新たに本税800を納付すべきこととされた（税額が1,000であるという更正処分をされた）とします。審理の結果、新たに納付すべき本税は500である（納付すべき税額が700）ということになれば、本税300（800−500）の一部取消しということになります。

附　録

参考資料

申告所得税及び復興特別所得税の過少申告加算税及び無申告加算税の取扱いについて（事務運営指針）

⇨ 本書での略称「所得税過少申告等通達」

平成12年７月３日（課所４－16、課資３－５、課料３－９、査察１－25）

〔最終改正　平成28年12月12日〕

第1　過少申告加算税の取扱い

（過少申告の場合における正当な理由があると認められる事実）

1　通則法第65条の規定の適用に当たり、例えば、納税者の責めに帰すべき事由の
　ない次のような事実は、同条第４項第１号に規定する正当な理由があると認めら
　れる事実として取り扱う。

　(1)　税法の解釈に関し、申告書提出後新たに法令解釈が明確化されたため、その
　　　法令解釈と納税者の解釈とが異なることとなった場合において、その納税者の
　　　解釈について相当の理由があると認められること。

　　　（注）　税法の不知若しくは誤解又は事実誤認に基づくものはこれに当たらな
　　　　　　い。

　(2)　法定申告期限の経過の時以後に生じた事情により青色申告の承認が取り消さ
　　　れたことで、青色事業専従者給与、青色申告特別控除などが認められないこと
　　　となったこと。

　(3)　確定申告の納税相談等において、納税者から十分な資料の提出等があったに
　　　もかかわらず、税務職員等が納税者に対して誤った指導を行い、納税者がその
　　　指導に従ったことにより過少申告となった場合で、かつ、納税者がその指導を
　　　信じたことについてやむを得ないと認められる事情があること。

（修正申告書の提出が更正があるべきことを予知してされたと認められる場合）

2　通則法第65条第１項又は第５項の規定を適用する場合において、その納税者に
　対する臨場調査、その納税者の取引先に対する反面調査又はその納税者の申告書
　の内容を検討した上での非違事項の指摘等により、当該納税者が調査のあったこ
　とを了知したと認められた後に修正申告書が提出された場合の当該修正申告書の
　提出は、原則として、これらの規定に規定する「更正があるべきことを予知して
　されたもの」に該当する。

(注)　臨場のための日時の連絡を行った段階で修正申告書が提出された場合には、原則として、「更正があるべきことを予知してされたもの」に該当しない。

（調査通知に関する留意事項）

3　通則法第65条第５項に規定する調査通知（以下「調査通知」という。）を行う場合の同項の規定の適用については、次の点に留意する。

(1)　通則法第65条第５項の規定は、納税義務者（通則法第74条の９第５項に規定する場合に該当するときは、納税義務者又は同項に規定する税務代理人）に対して調査通知を行った時点から、適用されない。

　　(注)１　この場合の税務代理人とは、調査通知を行う前に提出された国税通則法施行規則第11条の３第１項に規定する税務代理権限証書（同項に規定する納税義務者への調査の通知は税務代理人に対してすれば足りる旨の記載があるものに限る。）に係る税務代理人（以下「同意のある税務代理人」という。）をいう。

　　　　２　同意のある税務代理人が数人ある場合には、いずれかの税務代理人（通則法第74条の９第６項に規定する代表する税務代理人を定めた場合は当該代表する税務代理人）に対して調査通知を行った時点から、通則法第65条第５項の規定は適用されない。

(2)　調査通知を行った場合において、調査通知後に修正申告書が提出されたときは、当該調査通知に係る調査について、実地の調査が行われたかどうかにかかわらず、通則法第65条第５項の規定の適用はない。

(3)　調査通知後の修正申告書の提出が、次に掲げる場合には、調査通知がある前に行われたものとして取り扱う。

　　①　当該調査通知に係るついて、当該調査通知に係るついて、当該調査通知に係るついて、当該調査通知に係るついて、当該調査通知に係るついて、当該調査通知に係るついて、当該調査通知に係るついて、通則法第74条の11第１項の通知をした後又は同条第２項の調査結果の内容に基づき納税義務者から修正申告書が提出された後若しくは通則法第29条第１項に規定する更正若しくは通則法第32条第５項に規定する賦課決定をした後に修正申告書が提出された場合

　　②　当該修正申告書が、例えば、消費税及び地方消費税について更正の請求に基づく減額更正が行われたことに伴い提出された場合。

　　　ただし、当該修正申告書に当該減額更正に係る部分以外の部分が含まれる場合には、当該減額更正に係る部分以外の部分は、調査通知がある前に行われたものとして取り扱わないものとする。

第2　無申告加算税の取扱い

（期限内申告書の提出がなかったことについて正当な理由があると認められる事実）

1　通則法第66条の規定を適用する場合において、災害、交通・通信の途絶その他期限内に申告書を提出しなかったことについて真にやむを得ない事由があると認められるときは、期限内申告書の提出がなかったことについて正当な理由があるものとして取り扱う。

（期限後申告書等の提出が決定又は更正があるべきことを予知してされたと認められる場合）

2　第1の2の取扱いは、通則法第66条第1項、第6項又は第7項の規定を適用する場合において、期限後申告書又は修正申告書の提出が決定又は更正があるべきことを予知してされたものである場合の判定について準用する。

（調査通知に関する留意事項）

3　第1の3の取扱いは、調査通知を行う場合の通則法第66条第6項の規定の適用について準用する。

（無申告加算税を課す場合の留意事項）

4　通則法第66条の規定による無申告加算税を課す場合には、次のことに留意する。

　(1)　申告書が期限後に提出され、その期限後に提出されたことについて通則法第66条第1項ただし書に規定する正当な理由があると認められる場合又は同条第7項の規定の適用があった場合において、当該申告について、更に修正申告書の提出があり、又は更正があったときは、当該修正申告又は更正により納付することとなる税額については無申告加算税を課さないで通則法第65条の規定による過少申告加算税を課す。

　(2)　通則法第66条第5項において準用する通則法第65条第4項第1号に定める正当な理由があると認められる事実は、第1の1に定めるような事実とする。

　(3)　通則法第119条第4項の規定により無申告加算税又は重加算税の全額が切り

捨てられた場合には、通則法第66条第4項に規定する「無申告加算税（……）又は重加算税（……）を課されたことがあるとき」に該当しない。

(4)　通則法第66条第4項の適用に当たっては、源泉徴収に係る所得税及び復興特別所得税とこれ以外の所得税及び復興特別所得税は同一税目として取り扱わない。

第3　過少申告加算税等の計算

（累積増差税額等に含まれない税額）

1　通則法第65条第3項第1号に規定する累積増差税額には、同条第5項の規定の適用がある修正申告書の提出により納付すべき税額は含まれないものとし、通則法第66条第3項に規定する累積納付税額には、同条第6項の規定の適用がある期限後申告書又は修正申告書の提出により納付すべき税額は含まれないものとする。

（注）　通則法第65条第5項の規定の適用がある修正申告書又は通則法第66条第6項の規定の適用がある期限後申告書若しくは修正申告書において、第1の3(3)の取扱いによって、調査通知がある前に行われたものとして取り扱われないものが含まれる場合は、これに対応する納付すべき税額は、それぞれ通則法第65条第3項第1号に規定する累積増差税額又は通則法第66条第3項に規定する累積納付税額に含まれることに留意する。

（過少申告加算税又は無申告加算税の計算の基礎となる税額の計算方法）

2　過少申告加算税又は無申告加算税の計算の基礎となる税額を計算する場合において、通則法第65条第4項第1号（通則法第66条第5項において準用する場合を含む。）の規定により控除すべきものとして国税通則法施行令第27条第1項第1号に規定する正当な理由があると認められる事実（以下「正当事実」という。）のみに基づいて更正、決定、修正申告又は期限後申告（以下「更正等」という。）があったものとした場合の税額の基礎となる所得金額は、その更正等があった後の所得金額から正当事実に基づかない部分の所得金額（以下「過少対象所得」という。）を控除して計算する。

（過少対象所得の計算）

3　過少対象所得は、正当事実以外の事実に基づく収入金額及びこれを得るのに必

要と認められる必要経費の金額を基礎として計算する。

（修正申告書又は期限後申告書の提出が調査通知後に行われた場合の留意事項）

4　第1の3⑶②ただし書の取扱い（第2の3において準用する場合を含む。）を行う場合において、過少申告加算税又は無申告加算税の計算の基礎となる税額を計算するときは、次の点に留意する。

⑴　通則法第65条第1項に規定する過少申告加算税の計算の基礎となる税額を計算する場合には、過少対象所得から当該減額更正に係る部分の所得金額を控除して計算する。

⑵　通則法第66条第1項に規定する無申告加算税の計算の基礎となる税額を計算する場合には、過少対象所得から当該減額更正に係る部分の所得金額を控除して計算する。

（注）　当該減額更正に係る部分には通則法第66条第6項の規定が適用される。

（重加算税について少額不徴収に該当する場合の過少対象所得の計算）

5　通則法第119条第4項の規定により重加算税を課さない場合には、その課さない部分に対応する所得金額は、過少対象所得に含まれないのであるから留意する。

申告所得税及び復興特別所得税の重加算税の取扱いについて（事務運営指針）

⇨ 本書での略称「所得税重加通達」

平成12年７月３日（課所４−15、課資３−４、課料３−８、査察１−24）

（最終改正　平成28年12月12日）

第１　賦課基準

（隠蔽又は仮装に該当する場合）

1　通則法第68条第１項又は第２項に規定する「国税の課税標準等又は税額等の計算の基礎となるべき事実の全部又は一部を隠蔽し、又は仮装し」とは、例えば、次に掲げるような事実（以下「不正事実」という。）がある場合をいう。

　　なお、隠蔽又は仮装の行為については、特段の事情がない限り、納税者本人が当該行為を行っている場合だけでなく、配偶者又はその他の親族等が当該行為を行っている場合であっても納税者本人が当該行為を行っているものとして取り扱う。

(1)　いわゆる二重帳簿を作成していること。

(2)　(1)以外の場合で、次に掲げる事実（以下「帳簿書類の隠匿、虚偽記載等」という。）があること。

①　帳簿、決算書類、契約書、請求書、領収書その他取引に関する書類（以下「帳簿書類」という。）を、破棄又は隠匿していること

②　帳簿書類の改ざん、偽造、変造若しくは虚偽記載、相手方との通謀による虚偽若しくは架空の契約書、請求書、領収書その他取引に関する書類の作成又は帳簿書類の意図的な集計違算その他の方法により仮装を行っていること

③　取引先に虚偽の帳簿書類を作成させる等していること

(3)　事業の経営、売買、賃貸借、消費貸借、資産の譲渡又はその他の取引（以下「事業の経営又は取引等」という。）について、本人以外の名義又は架空名義で行っていること。

　　ただし、次の①又は②の場合を除くものとする。

①　配偶者、その他同居親族の名義により事業の経営又は取引等を行っているが、当該名義人が実際の住所地等において申告等をしているなど、税のほ脱を目的としていないことが明らかな場合

②　本人以外の名義（配偶者、その他同居親族の名義を除く。）で事業の経営又は取引等を行っていることについて正当な事由がある場合

(4)　所得の源泉となる資産（株式、不動産等）を本人以外の名義又は架空名義により所有していること。

ただし、(3)の①又は②の場合を除くものとする。

(5)　秘匿した売上代金等をもって本人以外の名義又は架空名義の預貯金その他の資産を取得していること。

(6)　居住用財産の買換えその他各種の課税の特例の適用を受けるため、所得控除若しくは税額控除を過大にするため、又は変動・臨時所得の調整課税の利益を受けるため、虚偽の証明書その他の書類を自ら作成し、又は他人をして作成させていること。

(7)　源泉徴収票、支払調書等（以下「源泉徴収票等」という。）の記載事項を改ざんし、若しくは架空の源泉徴収票等を作成し、又は他人をして源泉徴収票等に虚偽の記載をさせ、若しくは源泉徴収票等を提出させていないこと。

(8)　調査等の際の具体的事実についての質問に対し、虚偽の答弁等を行い、又は相手先をして虚偽の答弁等を行わせていること及びその他の事実関係を総合的に判断して、申告時における隠蔽又は仮装が合理的に推認できること。

（帳簿書類の隠匿、虚偽記載等に該当しない場合）

2　次に掲げる場合で、当該行為が、相手方との通謀による虚偽若しくは架空の契約書等の作成等又は帳簿書類の破棄、隠匿、改ざん、偽造、変造等によるもの等でないときは、帳簿書類の隠匿、虚偽記載等に該当しない。

(1)　収入金額を過少に計上している場合において、当該過少に計上した部分の収入金額を、翌年分に繰り越して計上していること。

(2)　売上げに計上すべき収入金額を、仮受金、前受金等で経理している場合において、当該収入金額を翌年分の収入金額に計上していること。

(3)　翌年分以後の必要経費に算入すべき費用を当年分の必要経費として経理している場合において、当該費用が翌年分以後の必要経費に算入されていないこと。

第2　重加算税を課す場合の留意事項

（通則法第68条第4項の規定の適用に当たっての留意事項）

通則法第68条第4項の規定の適用に当たっては、次の点に留意する。

(1) 通則法第119条第4項の規定により無申告加算税又は重加算税の全額が切り捨てられた場合には、通則法第68条第4項に規定する「無申告加算税等を課され、又は徴収されたことがあるとき」に該当しない。

(2) 源泉徴収に係る所得税及び復興特別所得税とこれ以外の所得税及び復興特別所得税は同一税目として取り扱わない。

第3 重加算税の計算

（重加算税額の計算の基本原則）

1 重加算税の計算の基礎となる税額は、通則法第68条及び国税通則法施行令第28条の規定により、その基因となった更正、決定、修正申告又は期限後申告（以下「更正等」という。）があった後の所得税及び復興特別所得税の額から隠蔽又は仮装されていない事実のみに基づいて計算した所得税及び復興特別所得税の額を控除して計算するのであるが、この場合、その隠蔽又は仮装されていない事実のみに基づいて計算した所得税及び復興特別所得税の額の基礎となる所得金額は、その更正等のあった後の所得金額から不正事実に基づく所得金額（以下「重加算対象所得」という。）を控除した金額を基に計算する。

（重加算対象所得の計算）

2 第3の1の場合において、重加算対象所得の計算については、次による。

(1) 必要経費として新たに認容する経費のうちに、不正事実に基づく収入金額を得るのに必要な経費と認められるものがある場合には、当該経費を不正事実に基づく収入金額から控除する。

　　ただし、簿外の収入から簿外の必要経費を支出している場合において、簿外の収入に不正事実に基づく部分の金額とその他の部分の金額とがある場合には、当該簿外の必要経費は、まず、不正事実に基づく部分の金額から控除し、控除しきれない場合に限り、当該控除しきれない必要経費の金額を当該その他の部分の金額から控除する。

(2) 過大に繰越控除をした純損失の金額又は雑損失の金額のうちに、不正事実に基づく過大控除部分とその他の部分とがあり、当該損失の金額の全部又は一部が否認された場合における重加算対象所得の計算に当たっては、まず、不正事実以外の事実に基づく損失の金額のみが否認されたものとして計算することに留意する。

　すなわち、不正事実に基づく過大の純損失又は雑損失から順次繰越控除していたものとすることに留意する。

　なお、純損失の金額又は雑損失の金額は正当であっても、その損失を生じた年分の翌年分以後の年分において、不正事実に基づき所得金額を過少にすることにより、当該所得金額を過少にした年分の翌年分以後の年分に繰越控除した損失の金額を否認した場合には、不正事実に基づく純損失又は雑損失を繰り越していたものとみなして重加対象所得の計算を行うこととする。

法人税の過少申告加算税及び無申告加算税の取扱いについて（事務運営指針）

➡ 本書での略称「法人税過少申告等通達」

平成12年7月3日（課法2-9、課料3-14、査調4-11、査察1-30）

〔最終改正平成28年12月12日〕

第1 過少申告加算税の取扱い

（過少申告の場合における正当な理由があると認められる事実）

1　通則法第65条の規定の適用に当たり、例えば、納税者の責めに帰すべき事由の
ない次のような事実は、同条第4項第1号に規定する正当な理由があると認めら
れる事実として取り扱う。

　(1)　税法の解釈に関し、申告書提出後新たに法令解釈が明確化されたため、その
　　　法令解釈と法人の解釈とが異なることとなった場合において、その法人の解釈
　　　について相当の理由があると認められること。

　　　（注）　税法の不知若しくは誤解又は事実誤認に基づくものはこれに当たらな
　　　　　　い。

　(2)　調査により引当金等の損金不算入額が法人の計算額より減少したことに伴
　　　い、その減少した金額を認容した場合に、翌事業年度においていわゆる洗替計
　　　算による引当金等の益金算入額が過少となるためこれを税務計算上否認（いわ
　　　ゆるかえり否認）したこと。

（修正申告書の提出が更正があるべきことを予知してされたと認められる場合）

2　通則法第65条第1項又は第5項の規定を適用する場合において、その法人に対
する臨場調査、その法人の取引先の反面調査又はその法人の申告書の内容を検討
した上での非違事項の指摘等により、当該法人が調査のあったことを了知したと
認められた後に修正申告書が提出された場合の当該修正申告書の提出は、原則と
して、これらの規定に規定する「更正があるべきことを予知してされたもの」に
該当する。

　　　（注）　臨場のための日時の連絡を行った段階で修正申告書が提出された場合に
　　　　　　は、原則として「更正があるべきことを予知してされたもの」に該当しない。

（調査通知に関する留意事項）

3　通則法第65条第５項に規定する調査通知（以下「調査通知」という。）を行う場合の同項の規定の適用については、次の点に留意する。

　(1)　通則法第65条第５項の規定は、納税義務者（通則法第74条の９第５項に規定する場合に該当するときは、納税義務者又は同項に規定する税務代理人）に対して調査通知を行った時点から、適用されない。

　　　(注)1　この場合の税務代理人とは、調査通知を行う前に提出された国税通則法施行規則第11条の３第１項に規定する税務代理権限証書（同項に規定する納税義務者への調査の通知は税務代理人に対してすれば足りる旨の記載があるものに限る。）に係る税務代理人（以下「同意のある税務代理人」という。）をいう。

　　　　　2　同意のある税務代理人が数人ある場合には、いずれかの税務代理人（通則法第74条の９第６項に規定する代表する税務代理人を定めた場合は当該代表する税務代理人）に対して調査通知を行った時点から、通則法第65条第５項の規定は適用されない。

　(2)　調査通知を行った場合において、調査通知後に修正申告書が提出されたときは、当該調査通知に係る調査について、実地の調査が行われたかどうかにかかわらず、通則法第65条第５項の規定の適用はない。

　(3)　調査通知後の修正申告書の提出が、次に掲げる場合には、調査通知がある前に行われたものとして取り扱う。

　　　①　当該調査通知に係る調査について、通則法第74条の11第１項の通知をした後又は同条第２項の調査結果の内容に基づき納税義務者から修正申告書が提出された後若しくは通則法第29条第１項に規定する更正若しくは通則法第32条第５項に規定する賦課決定をした後に修正申告書が提出された場合

　　　②　納税義務者の事前の同意の上、同一事業年度の法人税の調査について、移転価格調査とそれ以外の部分の調査に区分する場合で、当該調査通知に係る調査の対象としなかった部分に係る修正申告書が提出された場合。

　　　　　ただし、当該修正申告書に当該調査通知に係る調査の対象としている部分が含まれる場合には、当該調査通知に係る調査の対象としている部分は、調査通知がある前に行われたものとして取り扱わない。

　　　③　事前確認（平成13年６月１日付査調７－１ほか３課共同「移転価格事務運営要領の制定について」（事務運営指針）又は平成28年６月28日付査調７－１ほか３課共同「恒久的施設帰属所得に係る所得に関する調査等に係る事務

運営要領の制定について」（事務運営指針）に定める事前確認をいう。）の内容に適合させるための修正申告書が提出された場合。

　　　ただし、当該修正申告書に当該事前確認の内容に適合させるための部分以外の部分が含まれる場合には、当該事前確認の内容に適合させるための部分以外の部分は、調査通知がある前に行われたものとして取り扱わない。

④　当該修正申告書が、例えば、消費税及び地方消費税について更正の請求に基づく減額更正が行われたことに伴い提出された場合。

　　　ただし、当該修正申告書に当該減額更正に係る部分以外の部分が含まれる場合には、当該減額更正に係る部分以外の部分は、調査通知がある前に行われたものとして取り扱わない。

第2　無申告加算税の取扱い

（期限内申告書の提出がなかったことについて正当な理由があると認められる事実）

1　通則法第66条の規定を適用する場合において、災害、交通・通信の途絶その他期限内に申告書を提出しなかったことについて真にやむを得ない事由があると認められたときは、期限内申告書の提出がなかったことについて正当な理由があるものとして取り扱う。

（期限後申告書等の提出が決定又は更正があるべきことを予知してされたと認められる場合）

2　第1の2の取扱いは、通則法第66条第1項、第6項又は第7項の規定を適用する場合において、期限後申告書又は修正申告書の提出が決定又は更正があるべきことを予知してされたものである場合の判定について準用する。

（調査通知に関する留意事項）

3　第1の3の取扱いは、調査通知を行う場合の通則法第66条第6項の規定の適用について準用する。

（無申告加算税を課す場合の留意事項）

4　通則法第66条の規定による無申告加算税を課す場合には、次のことに留意する。

（1）申告書が期限後に提出され、その期限後に提出されたことについて通則法第66条第1項ただし書に規定する正当な理由があると認められた場合又は同条第

　　7項の規定の適用があった場合において、当該申告について、更に修正申告書
　　の提出があり、又は更正があったときは、当該修正申告又は更正により納付す
　　ることとなる税額については無申告加算税を課さないで通則法第65条の規定に
　　よる過少申告加算税を課す。

⑵　通則法第66条第５項において準用する通則法第65条第４項第１号に定める正
　　当な理由があると認められる事実は、第１の１に定めるような事実とする。

⑶　通則法第119条第４項の規定により無申告加算税又は重加算税の全額が切り
　　捨てられた場合には、通則法第66条第４項に規定する「無申告加算税（……）
　　又は重加算税（……）を課されたことがあるとき」に該当しない。

⑷　通則法第66条第４項の規定の適用上、被合併法人の各事業年度の法人税につ
　　いて課された同項に規定する無申告加算税等（以下⑷において「無申告加算税
　　等」という。）は、合併法人の行為に基因すると認められる場合に限り、当該
　　合併法人について無申告加算税等が課されたことがあるものとして取り扱う。

　　　また、連結納税の承認を取り消され又は連結納税の適用の取りやめの承認を
　　受ける前の各連結事業年度の法人税について無申告加算税等を課されていた場
　　合には、連結親法人であった法人について無申告加算税等を課されたことがあ
　　るものとして取り扱う。

　⑽（注）　無申告加算税等を課された一の法人について、その後分割が行われた場
　　　　　合には、分割承継法人について無申告加算税等を課されたことがあるとき
　　　　　には該当しない。

第３　過少申告加算税等の計算

（累積増差税額等に含まれない税額）

１　通則法第65条第３項第１号に規定する累積増差税額には、同条第５項の規定の
　適用がある修正申告書の提出により納付すべき税額は含まれないものとし、通則
　法第66条第３項に規定する累積納付税額には、同条第６項の規定の適用がある期
　限後申告書又は修正申告書の提出により納付すべき税額は含まれないものとす
　る。

　　（注）　通則法第65条第５項の規定の適用がある修正申告書又は通則法第66条第
　　　　　６項の規定の適用がある期限後申告書若しくは修正申告書において、第１
　　　　　の３⑶の取扱いによって、調査通知がある前に行われたものとして取り扱
　　　　　われないものが含まれる場合は、これに対応する納付すべき税額は、それ
　　　　　ぞれ通則法第65条第３項第１号に規定する累積増差税額又は通則法第66条

第３項に規定する累積納付税額に含まれることに留意する。

（過少申告加算税又は無申告加算税の計算の基礎となる税額の計算方法）

2　過少申告加算税又は無申告加算税の計算の基礎となる税額を計算する場合において、通則法第65条第４項第１号（通則法第66条第５項において準用する場合を含む。）の規定により控除すべきものとして国税通則法施行令第27条第１項第１号に規定する正当な理由があると認められる事実（以下「正当事実」という。）のみに基づいて更正、決定、修正申告又は期限後申告（以下「更正等」という。）があったものとした場合の税額の基礎となる所得金額は、その更正等があった後の所得金額から正当事実に基づかない部分の所得金額（以下「過少対象所得」という。）を控除して計算する。

（過少対象所得の計算）

3　過少対象所得は、正当事実以外の事実に基づく益金の額及び損金の額を基礎として計算する。

（修正申告書又は期限後申告書の提出が調査通知後に行われた場合の留意事項）

4　第１の３(3)からまでのただし書の取扱い（第２の３において準用する場合を含む。）を行う場合において、過少申告加算税又は無申告加算税の計算の基礎となる税額を計算するときは、次の点に留意する。

⑴　通則法第65条第１項に規定する過少申告加算税の計算の基礎となる税額を計算する場合には、過少対象所得から第１の３(3)からまでのただし書の調査通知がある前に行われたものとして取り扱う部分の所得金額を控除して計算する。

⑵　通則法第66条第１項に規定する無申告加算税の計算の基礎となる税額を計算する場合には、過少対象所得から第１の３(3)からまでのただし書の調査通知がある前に行われたものとして取り扱う部分の所得金額を控除して計算する。

　（注）　第２の３により準用される第１の３(3)からまでのただし書の調査通知がある前に行われたものとして取り扱う部分には通則法第66条第６項の規定が適用される。

（重加算税について少額不徴収に該当する場合の過少対象所得金額の計算）

5　通則法第119条第４項の規定により重加算税を課さない場合には、その課さない部分に対応する所得金額は、過少対象所得に含まれないのであるから留意する。

法人税の重加算税の取扱いについて（事務運営指針）

⇨ 本書での略称「法人税重加通達」

平成12年７月３日（課法２－８、課料３－13、査調４－10、査察１－29）

〔最終改正　平成28年12月12日〕

第１　賦課基準

（隠蔽又は仮装に該当する場合）

1　通則法第68条第１項又は第２項に規定する「国税の課税標準等又は税額等の計算の基礎となるべき事実の全部又は一部を隠蔽し、又は仮装し」とは、例えば、次に掲げるような事実（以下「不正事実」という。）がある場合をいう。

(1)　いわゆる二重帳簿を作成していること。

(2)　次に掲げる事実（以下「帳簿書類の隠匿、虚偽記載等」という。）があること。

①　帳簿、原始記録、証ひょう書類、貸借対照表、損益計算書、勘定科目内訳明細書、棚卸表その他決算に関係のある書類（以下「帳簿書類」という。）を、破棄又は隠匿していること。

②　帳簿書類の改ざん（偽造及び変造を含む。以下同じ。）、帳簿書類への虚偽記載、相手方との通謀による虚偽の証ひょう書類の作成、帳簿書類の意図的な集計違算その他の方法により仮装の経理を行っていること。

③　帳簿書類の作成又は帳簿書類への記録をせず、売上げその他の収入（営業外の収入を含む。）の脱ろう又は棚卸資産の除外をしていること。

(3)　特定の損金算入又は税額控除の要件とされる証明書その他の書類を改ざんし、又は虚偽の申請に基づき当該書類の交付を受けていること。

(4)　簿外資産（確定した決算の基礎となった帳簿の資産勘定に計上されていない資産をいう。）に係る利息収入、賃貸料収入等の果実を計上していないこと。

(5)　簿外資金（確定した決算の基礎となった帳簿に計上していない収入金又は当該帳簿に費用を過大若しくは架空に計上することにより当該帳簿から除外した資金をいう。）をもって役員賞与その他の費用を支出していること。

(6)　同族会社であるにもかかわらず、その判定の基礎となる株主等の所有株式等を架空の者又は単なる名義人に分割する等により非同族会社としていること。

（使途不明金及び使途秘匿金の取扱い）

2　使途不明の支出金に係る否認金につき、次のいずれかの事実がある場合には、当該事実は、不正事実に該当することに留意する。

　　なお、当該事実により使途秘匿金課税を行う場合の当該使途秘匿金に係る税額に対しても重加算税を課すことに留意する。

(1)　帳簿書類の破棄、隠匿、改ざん等があること。

(2)　取引の慣行、取引の形態等から勘案して通常その支出金の属する勘定科目として計上すべき勘定科目に計上されていないこと。

（帳簿書類の隠匿、虚偽記載等に該当しない場合）

3　次に掲げる場合で、当該行為が相手方との通謀又は証ひょう書類等の破棄、隠匿若しくは改ざんによるもの等でないときは、帳簿書類の隠匿、虚偽記載等に該当しない。

(1)　売上げ等の収入の計上を繰り延べている場合において、その売上げ等の収入が翌事業年度（その事業年度が連結事業年度に該当する場合には、翌連結事業年度。(2)において同じ。）の収益に計上されていることが確認されたとき。

(2)　経費（原価に算入される費用を含む。）の繰上計上をしている場合において、その経費がその翌事業年度に支出されたことが確認されたとき。

(3)　棚卸資産の評価換えにより過少評価をしている場合。

(4)　確定した決算の基礎となった帳簿に、交際費等又は寄附金のように損金算入について制限のある費用を単に他の費用科目に計上している場合。

（不正に繰戻し還付を受けた場合の取扱い）

4　法人が法人税法第80条又は第144条の13の規定により欠損金額につき繰戻し還付を受けた場合において、当該欠損金額の計算の基礎となった事実のうちに不正事実に該当するものがあるときは、重加算税を課すことになる。

（隠蔽仮装に基づく欠損金額の繰越しに係る重加算税の課税年度）

5　前事業年度以前の事業年度において、不正事実に基づき欠損金額を過大に申告し、その過大な欠損金額を基礎として欠損金額の繰越控除をしていた場合において、その繰越控除額を否認したときは、その繰越控除をした事業年度について重加算税を課すことになる。

　　なお、欠損金額の生じた事業年度は正しい申告であったが、繰越欠損金額を控

除した事業年度に不正事実に基づく過少な申告があり、その後の事業年度に繰り越す欠損金額が過大となっている場合に、当該その後の事業年度において過大な繰越欠損金額を基礎として繰越控除をしているときも同様とする。

　（注）　繰越控除をした欠損金額のうちに法人税法第57条第6項の規定により欠損金額とみなされた連結欠損金個別帰属額がある場合において、その欠損金額とみなされた金額が不正事実に基づき過大に繰り越されているときについては、本文の取扱いを準用する。

（隠蔽仮装に基づく最後事業年度の欠損金相当額の損金算入に係る重加算税の課税年度）

6　法人税法施行令第112条第20項の規定を適用するに当たり、同項に規定する被合併法人となる連結法人又は残余財産が確定した連結法人がそれぞれ同項に規定する合併の日の前日又は残余財産の確定の日の属する事業年度において欠損金額を不正事実に基づき過大に申告し、その過大な欠損金額を同項に規定する連結子法人である内国法人の最後事業年度の損金の額に算入していた場合において、その損金算入額を否認したときは、その損金算入をした最後事業年度（所得金額が生じるものに限る。）について重加算税を課すことになる。

第2　重加算税の取扱い

（通則法第68条第4項の規定の適用に当たっての留意事項）

1　通則法第68条第4項の規定の適用に当たっては、次の点に留意する。

　⑴　通則法第119条第4項の規定により無申告加算税又は重加算税の全額が切り捨てられた場合には、通則法第68条第4項に規定する「無申告加算税等を課され、又は徴収されたことがあるとき」に該当しない。

　⑵　通則法第68条第4項の規定の適用上、被合併法人の各事業年度の法人税について課された同項に規定する無申告加算税等（以下⑵において「無申告加算税等」という。）は、合併法人の行為に基因すると認められる場合に限り、当該合併法人について無申告加算税等が課されたことがあるものとして取り扱う。

　　また、連結納税の承認を取り消され又は連結納税の適用の取りやめの承認を受ける前の各連結事業年度の法人税について無申告加算税等を課されていた場合には、連結親法人であった法人について無申告加算税等を課されたことがあるものとして取り扱う。

（注）　無申告加算税等を課された一の法人について、その後分割が行われた場合には、分割承継法人について無申告加算税等を課されたことがあるときには該当しない。

第3　重加算税の計算

（重加対象税額の計算の基本原則）

1　重加算税の計算の基礎となる税額は、通則法第68条及び国税通則法施行令第28条の規定により、その基因となった更正、決定、修正申告又は期限後申告（以下「更正等」という。）があった後の税額から隠蔽又は仮装をされていない事実だけに基づいて計算した税額を控除して計算するのであるが、この場合、その隠蔽又は仮装をされていない事実だけに基づいて計算した税額の基礎となる所得金額は、その更正等のあった後の所得金額から不正事実に基づく所得金額（以下「重加対象所得」という。）を控除した金額を基に計算する。

（重加対象所得の計算）

2　第3の1の場合において、重加対象所得の計算については、次による。
（1）　不正事実に基づく費用の支出等を認容する場合には、当該支出等が不正事実に基づく益金等の額（益金の額又は損金不算入額として所得金額に加算するものをいう。以下同じ。）との間に関連性を有するものであるときに限り、当該支出等の金額は不正事実に基づく益金等の額の減算項目とする。
（2）　交際費等又は寄附金のうちに不正事実に基づく支出金から成るものとその他の支出金から成るものとがあり、かつ、その交際費等又は寄附金のうちに損金不算入額がある場合において、当該損金不算入額のうち重加算税の対象となる金額は、その損金不算入額から不正事実に基づく支出がないものとして計算した場合に計算される損金不算入額を控除した金額とする。
（3）　過大に繰越控除をした欠損金額のうちに、不正事実に基づく過大控除部分と不正事実以外の事実に基づく過大控除部分とがある場合には、過大に繰越控除をした欠損金額は、まず不正事実に基づく過大控除部分の欠損金額から成るものとする。

（不正に繰戻し還付を受けた場合の重加対象税額の計算）

3　第1の4に該当する場合において、当該欠損金額のうちに不正事実に基づく部

分と不正事実以外の事実に基づく部分とがあるときは、重加算税の計算の基礎となる税額は、次の算式により計算した金額による。

$$\text{法人税法第80条又は第144条の13の規定により還付した金額} \times \frac{\text{不正事実に基づく欠損金額}}{\text{繰戻しをした欠損金額}}$$

（重加算税を課す留保金額の計算等）

4　特定同族会社が重加対象所得から留保した部分の金額（以下「留保金額」という。）に対して課される法人税法第67条第1項（（特定同族会社の特別税率））の規定による法人税額については、重加算税を課すことになる。この場合、その課税の対象となる留保金額は、更正等の後の留保金額から重加算税を課さない部分の留保金額を控除して計算するものとし、その重加算税を課さない部分の留保金額の計算については、その計算上控除すべき同法第67条第3項の法人税額及び地方法人税額並びに道府県民税及び市町村民税の額は、それぞれ次に掲げる金額による。

(1)　法人税額　その不正事実以外の事実に基づく所得金額について計算した金額

(2)　地方法人税額　その不正事実以外の事実に基づく所得金額を基礎として計算した金額

(3)　道府県民税及び市町村民税の額　その不正事実以外の事実に基づく所得金額を基礎として計算した金額

相続税、贈与税の過少申告加算税及び無申告加算税の取扱いについて（事務運営指針）

⇨ 本書での略称「相続税過少申告等通達」

平成12年７月３日（課資２−264、課料３−12、査察１−28）

〔改正　平成28年12月12日〕

第１　過少申告加算税の取扱い

（過少申告の場合における正当な理由があると認められる事実）

1　通則法第65条の規定の適用に当たり、例えば、納税者の責めに帰すべき事由のない次のような事実は、同条第４項第１号に規定する正当な理由があると認められる事実として取り扱う。

(1)　税法の解釈に関し申告書提出後新たに法令解釈が明確化されたため、その法令解釈と納税者（相続人（受遺者を含む。）から遺産（債務及び葬式費用を含む。）の調査、申告等を任せられた者又は受贈者から受贈財産（受贈財産に係る債務を含む。）の調査、申告等を任せられた者を含む。以下同じ。）の解釈とが異なることとなった場合において、その納税者の解釈について相当の理由があると認められること。

(注)　税法の不知若しくは誤解又は事実誤認に基づくものはこれに当たらない。

(2)　災害又は盗難等により、申告当時課税価格の計算の基礎に算入しないことを相当としていたものについて、その後、予期しなかった損害賠償金等の支払を受け、又は盗難品の返還等を受けたこと。

(3)　相続税の申告書の提出期限後において、次に掲げる事由が生じたこと。

イ　相続税法（以下「法」という。）第51条第２項各号に掲げる事由

ロ　保険業法（平成７年法律第105号）第270条の６の10第３項に規定する「買取額」の支払いを受けた場合

（修正申告書の提出が更正があるべきことを予知してされたと認められる場合）

2　通則法第65条第１項又は第５項の規定を適用する場合において、その納税者に対する臨場調査、その納税者の取引先に対する反面調査又はその納税者の申告書の内容を検討した上での非違事項の指摘等により、当該納税者が調査があったこ

とを了知したと認められた後に修正申告書が提出された場合の当該修正申告書の提出は、原則として、これらの規定に規定する「更正があるべきことを予知してされたもの」に該当する。

　（注）　臨場のための日時の連絡を行った段階で修正申告書が提出された場合には、原則として「更正があるべきことを予知してされたもの」に該当しない。

（調査通知に関する留意事項）

3　通則法第65条第5項に規定する調査通知（以下「調査通知」という。）を行う場合の同項の規定の適用については、次の点に留意する。

(1)　通則法第65条第5項の規定は、納税義務者（通則法第74条の9第5項に規定する場合に該当するときは、納税義務者又は同項に規定する税務代理人）に対して調査通知を行った時点から、適用されない。

　（注）1　この場合の税務代理人とは、調査通知を行う前に提出された国税通則法施行規則第11条の3第1項に規定する税務代理権限証書（同項に規定する納税義務者への調査の通知は税務代理人に対してすれば足りる旨の記載があるものに限る。）に係る税務代理人（以下「同意のある税務代理人」という。）をいう。

　　　　2　同意のある税務代理人が数人ある場合には、いずれかの税務代理人（通則法第74条の9第6項に規定する代表する税務代理人を定めた場合は当該代表する税務代理人）に対して調査通知を行った時点から、通則法第65条第5項の規定は適用されない。

(2)　調査通知を行った場合において、調査通知後に修正申告書が提出されたときは、当該調査通知に係る調査について、実地の調査が行われたかどうかにかかわらず、通則法第65条第5項の規定の適用はない。

(3)　調査通知後の修正申告書の提出が、次に掲げる場合には、調査通知がある前に行われたものとして取り扱う。

　イ　当該調査通知に係る調査について、通則法第74条の11第1項の通知をした後又は同条第2項の調査結果の説明に基づき納税義務者から修正申告書が提出された後若しくは通則法第29条第1項に規定する更正若しくは通則法第32条第5項に規定する賦課決定をした後に修正申告書が提出された場合

　ロ　当該修正申告書が、例えば、所得税及び復興特別所得税について更正の請求に基づく減額更正が行われたことに伴い提出された場合。

　　　ただし、当該修正申告書に当該減額更正に係る部分以外の部分が含まれる場

合には、当該減額更正に係る部分以外の部分は、調査通知がある前に行われた
ものとして取り扱わないものとする。

第2 無申告加算税の取扱い

(期限内申告書の提出がなかったことについて正当な理由があると認められる事実)

1 通則法第66条の規定を適用する場合において、災害、交通・通信の途絶その他
期限内に申告書を提出しなかったことについて真にやむを得ない事由があると認
められるときは、期限内申告書の提出がなかったことについて正当な理由がある
ものとして取り扱う。

(注) 相続人間に争いがある等の理由により、相続財産の全容を知り得なかっ
たこと又は遺産分割協議が行えなかったことは、正当な理由に当たらない。

(期限後申告書等の提出が決定又は更正があるべきことを予知してされたと認められる場合)

2 第1の2の取扱いは、通則法第66条第1項、第6項又は第7項の規定を適用す
る場合において、期限後申告書又は修正申告書の提出が決定又は更正があるべき
ことを予知してされたものである場合の判定について準用する。

(調査通知に関する事項)

3 第1の3の取扱いは、調査通知を行う場合の通則法第66条第6項の規定の適用
について準用する。

(無申告加算税を課す場合の留意事項)

4 通則法第66条の規定による無申告加算税を課す場合には、次のことに留意する。

(1) 申告書が期限後に提出され、その期限後に提出されたことについて通則法第
66条第1項ただし書に規定する正当な理由があると認められた場合又は同条第
7項の規定が適用される場合において、当該申告について、更に修正申告書の
提出があり、又は更正があったときは、当該修正申告又は更正により納付する
こととなる税額については、無申告加算税を課さないで通則法第65条の規定に
よる過少申告加算税を課す。

(2) 通則法第66条第5項において準用する通則法第65条第4項第1号に定める正
当な理由があると認められる事実は、第1の1に定めるような事実とする。

(3)　通則法第119条第4項の規定により無申告加算税又は重加算税の全額が切り
　　捨てられた場合には、通則法第66条第4項に規定する「無申告加算税（……）
　　又は重加算税（……）を課されたことがあるとき」に該当しない。

第3　過少申告加算税等の計算

（累積増差税額等に含まれない税額）

1　通則法第65条第3項第1号に規定する累積増差税額には、同条第5項の規定の
　適用がある修正申告書の提出により納付すべき税額は含まれないものとし、通則
　法第66条第3項に規定する累積納付税額には、同条第6項の規定の適用がある期
　限後申告書又は修正申告書の提出により納付すべき税額は含まれないものとす
　る。

　　（注）　通則法第65条第5項の規定の適用がある修正申告書又は通則法第66条第
　　　　6項の規定の適用がある期限後申告書若しくは修正申告書において、第1
　　　　の3(3)の取扱いによって、調査通知がある前に行われたものとして取り扱
　　　　われないものが含まれる場合は、これに対応する納付すべき税額は、それ
　　　　ぞれ通則法第65条第3項第1号に規定する累積増差税額又は通則法第66条
　　　　第3項に規定する累積納付税額に含まれることに留意する。

（過少申告加算税又は無申告加算税の計算の基礎となる税額）

2　過少申告加算税又は無申告加算税の計算の基礎となる税額は、通則法第65条、
　国税通則法施行令第27条又は通則法第66条の規定により、その基因となった更正、
　修正申告又は決定、期限後申告（以下「更正等」という。）があった後の税額か
　ら正当な理由があると認められる事実（以下「正当事実」という。）のみに基づ
　いて更正等があったものとして計算した税額（A）を控除して計算するのである
　が、この場合、次の点に留意する。

(1)　相続税の場合

　イ　上記Aを算出する上で基となる相続税の総額の基礎となる各人の課税価格
　　の合計額は、その更正等のあった後の各人の課税価格の合計額からその者の
　　正当事実に基づかない部分の価額（以下「過少対象価額」という。）を控除
　　した金額を基に計算する。

　ロ　各人の税額計算を行う上で、上記Aの基礎となるその者の課税価格は、そ
　　の更正等のあった後のその者の課税価格から当該課税価格に係るその者の過

　　少対象価額を控除した金額を基に計算する。

　（注）　1　過少対象価額の基となる財産に対応することが明らかな控除もれの
　　　　　債務（控除不足の債務を含む。）がある場合には、当該財産の価額から当
　　　　　該債務の金額を控除した額が過少対象価額となる。

2　第1の3(3)ロただし書の取扱い（第2の3において準用する場合を含む。）を
　行う場合のその者の過少対象価額は、当該減額更正に係る部分の価額を控除した
　ものとなる。なお、通則法第66条第1項に規定する無申告加算税の計算の基礎と
　なる税額を計算する場合における当該減額更正に係る部分には、同条第6項の規
　定が適用される。

(2)　贈与税の場合

　　　上記Aの基礎となる課税価格は、その更正等のあった後の課税価格から過少
　　対象価額を控除した金額を基に計算する。

　（注）　第1の3(3)ロただし書の取扱い（第2の3において準用する場合を含
　　　　む。）を行う場合の過少対象価額は、当該減額更正に係る部分の価額を控
　　　　除したものとなる。なお、通則法第66条第1項に規定する無申告加算税の
　　　　計算の基礎となる税額を計算する場合における当該減額更正に係る部分に
　　　　は、同条第6項の規定が適用される。

（重加算税について少額不徴収とする場合の過少対象価額の計算）

3　通則法第119条第4項の規定により重加算税を課さない場合には、その課さな
　い部分に対応する課税価格は、過少対象価額に含まれないのであるから留意する。

消費税及び地方消費税の更正等及び加算税の取扱いについて（事務運営指針）

⇨ 本書での略称「消費税加算税通達」

平成12年7月3日（課消2−17、課所4−20、課法2−11、課料3−18、査調4−13、査察1−34）

〔改正　平成28年12月12日〕

第1　消費税及び地方消費税の更正等の取扱い

（調査等により免税事業者であることが判明した場合の確定申告書等の取扱い）

1　消費税法（以下「法」という。）第45条第1項《課税資産の譲渡等についての確定申告》又は第46条第1項《還付を受けるための申告》の規定に基づく申告書の提出があった場合において、その後の、調査等により当該申告書が法第9条第1項《小規模事業者に係る納税義務の免除》の規定により消費税の納税義務が免除される課税期間に係るものであることが判明した場合には、当該申告書の提出により確定した納付すべき税額又は還付を受けるべき税額については、国税通則法（以下「通則法」という。）第19条第1項《修正申告》の規定による修正申告書（以下「修正申告書」という。）の提出又は同法第24条《更正》の規定による更正（以下「更正」という。）（同法第23条第1項《更正の請求》の規定による更正の請求（以下「更正の請求」という。）による場合を含む。）により是正するのであるから留意する。

（消費税又は地方消費税の一方が増加する場合の修正申告）

2　一の申告に係る消費税及び地方消費税の納付すべき税額の合計額が正当である場合であっても、消費税又は地方消費税の一方が過少であるときには、修正申告書の提出又は更正により是正する必要があることに留意する。

　なお、過少である税について修正申告書の提出により是正する場合、過大となっている他方の税については、併せて更正の請求書を提出させ減額更正を行う。

　（注）　過少である税について更正を行う場合には、過大となっている他方の税と併せて更正を行う。

（地方消費税の納付額等の端数計算）

3　地方消費税の確定金額に100円未満の端数があるとき若しくはその全額が100円

未満であるとき又は還付金の額に１円未満の端数があるとき若しくはその全額が
１円未満であるときは、消費税の例により、通則法第119条《国税の確定金額の
端数計算等》又は第120条《還付金額等の端数計算等》の規定に基づきその端数
を処理するのであるから留意する。

第２ 消費税及び地方消費税の加算税の取扱い

Ⅰ 共通

（地方消費税の加算税の賦課決定）

1 地方消費税に係る加算税を課する場合は、地方税法附則第９条の４第１項及び
第２項《譲渡割の賦課徴収の特例等》の規定に基づき、消費税の例により通則法
第65条《過少申告加算税》に規定する過少申告加算税、同法第66条《無申告加算
税》に規定する無申告加算税又は同法第68条《重加算税》に規定する重加算税を
課することになるのであるから留意する。

（消費税及び地方消費税に係る加算税の具体的な計算）

2 消費税及び地方消費税に係る加算税の額は、地方税法附則第９条の９第１項《譲
渡割に係る延滞税等の計算の特例》の規定により、更正等による納付すべき消費
税額及び地方消費税額の合算額を基礎として計算することとなる。また、算出さ
れた加算税の額をその計算の基礎となった消費税の額及び地方消費税の額であん
分した額に相当する金額がそれぞれ消費税又は地方消費税に係る加算税の額とな
る。

なお、加算税の端数計算については、地方税法附則第９条の９第３項の規定に
より、消費税と地方消費税を一の税とみなして行うことになるから、加算税の計
算の基礎となる税額及び加算税の確定金額は、当該合算額及び当該合算額を基礎
として計算したあん分前の額について通則法第118条第３項及び第119条第４項を
適用した後の金額となる。

（累積増差税額等に含まれない税額）

3 通則法第65条第３項第１号に規定する累積増差税額には、同条第５項の規定の
適用がある修正申告書の提出により納付すべき税額は含まれないものとし、通則
法第66条第３項に規定する累積納付税額には、同条第６項の規定の適用がある期

限後申告書又は修正申告書の提出により納付すべき税額は含まれないものとする。

（過少申告加算税の加重額を計算する場合）

4　通則法第65条第2項《過少申告加算税の加重計算》の規定に基づき、消費税及び地方消費税に係る過少申告加算税を計算する場合の同項に規定する「期限内申告税額」は、消費税額及び地方消費税額の合算額であることに留意する。

（重加算税について少額不徴収に該当する場合の過少対象税額の計算）

5　通則法第119条第4項の規定に基づき重加算税の全額が切り捨てられる場合には、その切り捨てられることとなった重加算税の計算の基礎となった消費税の額及び地方消費税の額（通則法第118条第3項の規定を適用する前の額をいう。）は、過少申告加算税及び無申告加算税の計算の基礎となる通則法第65条第1項及び第66条第1項に規定する納付すべき税額に含まれないのであるから留意する。

Ⅱ　過少申告加算税の取扱い

（過少申告の場合における正当な理由があると認められる事実）

1　通則法第65条の規定の適用に当たり、例えば、税法の解釈に関し、申告書提出後新たに法令の解釈が明確化されたため、その法令解釈と事業者の解釈とが異なることとなった場合において、その事業者の解釈について相当の理由があると認められる、といった納税者の責めに帰すべき事由のない事実は、同条第4項第1号に規定する正当な理由があると認められる事実として取り扱う。

　　（注）　税法の不知若しくは誤解又は事実誤認に基づくものはこれに当たらない。

（修正申告書の提出が更正があるべきことを予知してされたと認められる場合）

2　通則法第65条第1項又は第5項の規定を適用する場合において、その事業者に対する臨場調査、その事業者の取引先に対する反面調査又はその事業者の申告書の内容を検討した上での非違事項の指摘等により、当該事業者が具体的な調査があったことを了知したと認められた後に、修正申告書が提出された場合の当該修正申告書は、原則として、これらの規定に規定する「更正があるべきことを予知してされたもの」に該当する。

（注）　臨場のための日時の連絡を行った段階で修正申告書が提出された場合には、原則として、「更正があるべきことを予知してされたもの」に該当しない。

（調査通知に関する留意事項）

3　通則法第65条第5項に規定する調査通知（以下「調査通知」という。）を行う場合の同項の規定の適用については、次の点に留意する。

(1)　通則法第65条第5項の規定は、納税義務者（通則法第74条の9第5項に規定する場合に該当するときは、納税義務者又は同項に規定する税務代理人）に対して調査通知を行った時点から、適用されない。

（注）1　この場合の税務代理人とは、調査通知を行う前に提出された国税通則法施行規則第11条の3第1項に規定する税務代理権限証書（同項に規定する納税義務者への調査の通知は税務代理人に対してすれば足りる旨の記載があるものに限る。）に係る税務代理人（以下「同意のある税務代理人」という。）をいう。

2　同意のある税務代理人が数人ある場合には、いずれかの税務代理人（通則法第74条の9第6項に規定する代表する税務代理人を定めた場合は当該代表する税務代理人）に対して調査通知を行った時点から、通則法第65条第5項の規定は適用されない。

(2)　調査通知を行った場合において、調査通知後に修正申告書が提出されたときは、当該調査通知に係る調査について、実地の調査が行われたかどうかにかかわらず、通則法第65条第5項の規定の適用はない。

(3)　調査通知後の修正申告書の提出が、当該調査通知に係る調査について、通則法第74条の11第1項の通知をした後又は同条第2項の調査結果の内容に基づき納税義務者から修正申告書が提出された後若しくは更正等（通則法第29条第1項に規定する更正又は通則法第32条第5項に規定する賦課決定をいう。）をした後に行われたものである場合には、調査通知がある前に行われたものとして取り扱う。

（免税事業者であることが判明した場合の還付申告に係る加算税）

4　第1の1《調査等により免税事業者であることが判明した場合の確定申告書等の取扱い》に該当する場合で、当初提出された申告書が法第45条第1項に規定する確定申告書で同項第5号に規定する不足額が記載されたもの又は法第46条第1

項に規定する申告書であるときは、当初の申告書の提出日にかかわらず、修正申告書の提出又は更正により納付すべき税額には、過少申告加算税を課するのであるから留意する。

（基準期間の正当な理由以外の理由により簡易課税制度の適用がなくなった場合の過少対象税額）

5　その課税期間について簡易課税制度の適用を受けていた事業者が、調査等の結果、その課税期間の基準期間における課税売上高が5,000万円を超えるためその課税期間について簡易課税制度の適用を受けられなくなった場合、これに起因して生じた増差税額は、基準期間における課税売上高が5,000万円を超えることとなった事実について正当な理由がある場合を除き、通則法第65条第1項に規定する納付すべき税額に含まれる。

Ⅲ　無申告加算税の取扱い

（期限内申告書の提出がなかったことについて正当な理由があると認められる事実）

1　通則法第66条の規定を適用する場合において、災害、交通・通信の途絶その他期限内に申告書を提出しなかったことについて真にやむを得ない事由があると認められる場合は、期限内申告書の提出がなかったことについて正当な理由があるものとして取り扱う。

（期限後申告書等の提出が決定又は更正があるべきことを予知してされたと認められる場合）

2　Ⅱの2《修正申告書の提出が更正があるべきことを予知してされたと認められる場合》の取扱いは、通則法第66条第1項、第6項又は第7項の規定を適用する場合において、期限後申告書又は修正申告書の提出が、決定又は更正があるべきことを予知してされたものであるかどうかの判定について準用する。

（調査通知に関する留意事項）

3　Ⅱの3《調査通知に関する留意事項》の取扱いは、調査通知を行う場合の通則法第66条第6項の規定の適用について準用する。

（無申告加算税を課す場合の留意事項）

4　通則法第66条の規定による無申告加算税を課す場合には、次のことに留意する。

　(1)　申告書が期限後に提出され、その期限後に提出されたことについて通則法第66条第１項ただし書に規定する正当な理由があると認められた場合又は同条第７項の規定の適用があった場合において、当該申告書について、更に修正申告書の提出があり、又は更正があったときは、当該修正申告又は更正による増差税額については無申告加算税を課さないで通則法第65条の規定による過少申告加算税を課する。

　(2)　通則法第66条第５項において準用する通則法第65条第４項第１号に定める正当な理由があると認められる事実は、Ⅱの１《過少申告の場合における正当な理由があると認められる事実》に定めるような事実とする。

　(3)　通則法第119条第４項の規定により無申告加算税又は重加算税の全額が切り捨てられた場合には、通則法第66条第４項に規定する「無申告加算税（……）又は重加算税（……）を課されたことがあるとき」に該当しない。

　(4)　通則法第66条第４項の規定の適用上、被合併法人の各課税期間の消費税について課された同項に規定する無申告加算税等（以下(4)において「無申告加算税等」という。）は、合併法人の行為に基因すると認められる場合に限り、当該合併法人について無申告加算税等が課されたことがあるものとして取り扱う。

　　(注)　無申告加算税等を課された一の法人について、その後分割が行われた場合には、分割承継法人（法第12条第１項に規定する新設分割子法人を含む。）は無申告加算税等を課されたことには該当しない。

　(5)　その課税期間について法第９条第１項《小規模事業者に係る納税義務の免除》の規定により消費税の納税義務が免除されていた事業者が、調査等の結果、その課税期間の基準期間における課税売上高が1,000万円を超えるためその課税期間について同項の適用を受けられなくなった場合、これに起因して生じた増差税額は、基準期間における課税売上高が1,000万円を超えることとなった事実について正当な理由がある場合を除き、通則法第66条第１項に規定する納付すべき税額に含まれる。

Ⅳ　重加算税の取扱い

（地方消費税に係る重加算税の賦課決定）

1　地方消費税と消費税の課税対象は同一であることから、事業者が消費税の通則

法第68条第1項又は第2項《重加算税》に規定する課税標準等又は税額等の計算の基礎となるべき事実の全部又は一部を隠蔽し、又は仮装していたこと（以下「不正事実」という。）により重加算税を課する場合には、地方消費税についても当然に重加算税を課することになるのであるから留意する。

（所得税等に不正事実がある場合）

2　所得税又は法人税（以下「所得税等」という。）につき不正事実があり、所得税等について重加算税を賦課する場合には、当該不正事実が影響する消費税の不正事実に係る増差税額については重加算税を課する。

（重加算税を課す消費税固有の不正事実）

3　所得税等の所得金額には影響しないが、消費税額に影響する不正事実（消費税固有の不正事実）により、消費税が過少申告となった場合については、消費税の重加算税を課するのであるが、この場合には、例えば、次のような不正事実が該当する。

　　イ　課税売上げを免税売上げに仮装する。

　　ロ　架空の免税売上げを計上し、同額の架空の課税仕入れを計上する。

　　ハ　不課税又は非課税仕入れを課税仕入れに仮装する。

　　ニ　非課税売上げを不課税売上げに仮装し、課税売上割合を引き上げる。

　　ホ　簡易課税制度の適用を受けている事業者が、資産の譲渡等の相手方、内容等を仮装し、高いみなし仕入率を適用する。

（重加算税対象税額の計算）

4　重加算税の計算の基礎となる税額（以下「重加算税対象税額」という。）は、通則法第68条及び国税通則法施行令第28条の規定により、その原因となった更正等があった後の税額から隠蔽又は仮装をされていない事実だけに基づいて計算した税額を控除して計算するのであるが、例えば、次のような場合の重加算税対象税額は、更正等があった後の税額から、不正事実がなかったとして計算した納付すべき税額を控除した残額となる。

　(1)　不正事実に基づく課税売上げ又は非課税売上げの除外があったことに伴い、課税売上割合が変動した結果、仕入控除税額が増加又は減少した場合

　(2)　簡易課税制度を適用している場合において、不正事実に基づく課税売上げの除外があったこと等により、みなし仕入率が変動した結果、仕入控除税額が増

加又は減少した場合

（重加算税を課する場合の留意事項）

5　その課税期間の基準期間たる課税期間（以下「前々課税期間」という。）に係る消費税の増差税額に対して重加算税を課す場合（通則法第119条第4項の規定により、重加算税の全額が切り捨てられる場合を含む。）には、その原因たる前々課税期間の不正事実に連動した次の事実に起因して当該課税期間に係る消費税額が増加するときであっても、その増加額に重加算税を課すべきことにならないのであるから留意する。

　(1)　基準期間における課税売上高が1,000万円を超え、当該課税期間について課税事業者となることが判明した場合

　(2)　基準期間の課税売上高が5,000万円を超え、簡易課税制度の適用を受けられないことが判明した場合

（通則法第68条第4項の規定の適用に当たっての留意事項）

6　Ⅲの4《無申告加算税を課す場合の留意事項》中の(3)及び(4)の取扱いについては、通則法第68条第4項の適用に当たり、同項に規定する「無申告加算税等を課され、又は徴収されたことがあるとき」について準用する。

源泉所得税及び復興特別所得税の不納付加算税の取扱いについて（事務運営指針）

⇒ 本書での略称「源泉不納付通達」

平成12年７月３日（課法７－９、課所４－19、課料３－17、査察１－33）

（最終改正　平成29年11月28日）

第１　不納付加算税の取扱い

（源泉所得税及び復興特別所得税を法定納期限までに納付しなかったことについて正当な理由があると認められる場合）

1　通則法第67条の規定の適用に当たり、例えば、源泉徴収義務者の責めに帰すべき事由のない次のような場合は、同条第１項ただし書に規定する正当な理由があると認められる場合として取り扱う。

　⑴　税法の解釈に関し、給与等の支払後取扱いが公表されたため、その公表された取扱いと源泉徴収義務者の解釈とが異なることとなった場合において、その源泉徴収義務者の解釈について相当の理由があると認められるとき。

　　（注）　税法の不知若しくは誤解又は事実誤認に基づくものはこれに当たらない。

　⑵　給与所得者の扶養控除等申告書、給与所得者の配偶者控除等申告書又は給与所得者の保険料控除申告書等に基づいてした控除が過大であった等の場合において、これらの申告書に基づき控除したことにつき源泉徴収義務者の責めに帰すべき事由があると認められないとき。

　⑶　最寄りの収納機関が遠隔地であるため、源泉徴収義務者が収納機関以外の金融機関に税金の納付を委託した場合において、その委託が通常であれば法定納期限内に納付されるに足る時日の余裕をもってされているにもかかわらず、委託を受けた金融機関の事務処理誤り等により、収納機関への納付が法定納期限後となったことが、当該金融機関の証明書等により証明されたとき。

　⑷　災害、交通・通信の途絶その他法定納期限内に納付しなかったことについて真にやむを得ない事由があると認められるとき。

（納付が、告知があるべきことを予知してされたものである場合）

2　通則法第67条第２項の規定を適用する場合において、その源泉徴収義務者に対

する臨場調査、その源泉徴収義務者の取引先に対する反面調査等、当該源泉徴収義務者が調査のあったことを了知したと認められる後に自主納付された場合の当該自主納付は、原則として、同項に規定する「告知があるべきことを予知してされたもの」に該当する。

> （注）　次に掲げる場合は、原則として「告知があるべきことを予知してされたもの」には該当しない。
>
> 　　1　臨場のための日時の連絡を行った段階で自主納付された場合
>
> 　　2　納付確認（臨場によるものを除く。）を行った結果、自主納付された場合
>
> 　　3　説明会等により一般的な説明を行った結果、自主納付された場合

（法定納期限の属する月の前月の末日から起算して一年前の日）

3　通則法施行令第27条の2第2項に規定する「法定納期限の属する月の前月の末日から起算して一年前の日」とは、当該「前月の末日」の1年前の応当日をいうのであるから、例えば、「前月の末日」が6月30日である場合には、「一年前の日」は前年の6月30日となる。

第2　不納付加算税の計算

（不納付加算税の計算の基礎となる税額の計算方法）

4　不納付加算税の計算の基礎となる税額は、所得の種類（給与所得、退職所得、報酬・料金等の所得、公的年金等所得、利子所得等、配当所得、非居住者等所得、定期積金の給付補填金等、上場株式等の譲渡所得等、償還差益等及び割引債の償還金等の区分による。）ごとに、かつ、法定納期限の異なるごとの税額によることに留意する。

> （注）　通則法第119条第4項《国税の確定金額の端数計算等》の規定により加算税の金額が5千円未満であるときは、その全額を切り捨てることとされているが、この場合、加算税の金額が5千円未満であるかどうかは、所得の種類ごとに、かつ、法定納期限の異なるごとに判定することに留意する。

（重加算税について少額不徴収に該当する場合の不納付加算税の計算）

5　通則法第119条第4項の規定により重加算税を徴収しない場合には、その徴収しない部分に対応する税額は、不納付加算税対象税額に含まれないのであるから留意する。

源泉所得税及び復興特別所得税の重加算税の取扱いについて（事務運営指針）

→ 本書での略称「源泉重加通達」

平成12年7月3日（課法7-8、課所4-18、課科3-16、査察1-32）

〔最終改正　平成29年11月28日〕

第1　徴収基準

（隠蔽又は仮装に該当する場合）

1　通則法第68条第3項に規定する「事実の全部又は一部を隠蔽し、又は仮装し」とは、例えば、次に掲げるような事実（以下「不正事実」という。）がある場合をいう。

(1)　いわゆる二重帳簿を作成していること。

(2)　帳簿書類を破棄又は隠匿していること。

(3)　帳簿書類の改ざん（偽造及び変造を含む。）、帳簿書類への虚偽記載、相手方との通謀による虚偽の証ひょう書類の作成、帳簿書類の意図的な集計違算その他の方法により仮装の経理を行っていること。

(4)　帳簿書類の作成又は帳簿書類への記録をせず、源泉徴収の対象となる支払事実の全部又は一部を隠蔽していること。

（帳簿書類の範囲）

2　「1」の帳簿書類とは、源泉所得税及び復興特別所得税の徴収又は納付に関する一切のものをいうのであるから、会計帳簿、原始記録、証ひょう書類その他会計に関する帳簿書類のほか、次に掲げるような帳簿書類を含むことに留意する。

(1)　給与所得及び退職所得に対する源泉徴収簿その他源泉所得税及び復興特別所得税の徴収に関する備付帳簿

(2)　株主総会・取締役会等の議事録、報酬・料金等に係る契約書、給与等の支給規則、出勤簿、出張・超過勤務・宿日直等の命令簿又は事績簿、社会保険事務所、労働基準監督署又は地方公共団体等の官公署に対する申請又は届出等に関する書類その他の帳簿書類のうち、源泉所得税及び復興特別所得税の税額計算の基礎資料となるもの

(3)　支払調書、源泉徴収票、給与支払事務所等の開設届出書、給与所得又は退職

所得の支払明細書その他源泉徴収義務者が法令の規定に基づいて作成し、かつ、交付し又は提出する書類

(4) 給与所得者の扶養控除等申告書、給与所得者の配偶者控除等申告書、給与所得者の保険料控除申告書、退職所得の受給に関する申告書、非課税貯蓄申告書、非課税貯蓄申込書、配当所得の源泉分離課税の選択申告書、年末調整による過納額還付請求書、租税条約に関する届出書その他源泉所得税及び復興特別所得税を徴収される者が法令の規定に基づいて提出し又は提示する書類

（源泉徴収義務者が直接不正に関与していない場合の取扱い）

3 不正事実は、源泉徴収義務者に係るものに限られるのであるから、例えば、源泉所得税及び復興特別所得税を徴収される者に係る不正の事実で、源泉徴収義務者が直接関与していないものは、不正事実に該当しないことに留意する。

（認定賞与等に対する重加算税の取扱い）

4 源泉所得税及び復興特別所得税が法定納期限までに完納されなかったことが不正事実に基づいている限り、重加算税の対象となる。

　　ただし、法人税について重加算税が賦課される場合において、法人税の所得金額の計算上損金の額に算入されない役員又は使用人の賞与、報酬、給与若しくは退職給与と認められるもの又は配当等として支出したと認められるもの（以下「認定賞与等」という。）の金額が当該重加算税の計算の基礎とされているときは、原則として、当該基礎とされている認定賞与等の金額のうち、当該重加算税の対象とされる所得の金額に達するまでの認定賞与等の金額については、源泉所得税及び復興特別所得税の重加算税の対象として取り扱わない。

　　(注)　当該認定賞与等の金額のうち、法人税の重加算税の対象とされる所得の金額に達するまでの金額は、事業年度首から順に成っているものとして取り扱う。

第2　重加算税を課す場合の留意事項

（通則法第68条第4項の規定の適用に当たっての留意事項）

5 通則法第68条第4項の規定の適用に当たっては、次の点に留意する。

　(1)　通則法第119条第4項の規定により重加算税の全額が切り捨てられた場合には、通則法第68条第4項に規定する「無申告加算税等を課され、又は徴収され

　　たことがあるとき」に該当しない。

⑵　源泉徴収に係る所得税及び復興特別所得税とそれ以外の所得税及び復興特別
　　所得税は同一税目として取り扱わない。

第3　重加算税の計算

（重加算税額算出の基礎となるべき源泉所得税及び復興特別所得税の税額の計算）

6　源泉所得税及び復興特別所得税が納付漏れとなった給与等又は退職手当等の金
　　額のうちに、不正事実に係るものとその他のものとがある場合には、重加算税の
　　基礎となる税額は、当該不正事実に係るものをその他のものに上積みして計算し
　　た場合の当該不正事実に係るものに対応する増差税額によることに留意する。

判例・裁決一覧

〈参考文献〉

　本書の執筆に当たり主に次の文献を参考にさせていただきました。
〔本書での略称〕
金子宏著『租税法（第22版)』（弘文堂）〔金子〕
品川芳宣著『附帯税の事例研究（第４版)』（財経詳報社）〔品川〕
武田昌輔監修『DHCコンメンタール　所得税法』（第一法規）〔武田〕
八ツ尾順一著『事例からみる重加算税の研究（第６版)』（清文社）
　　　　　　〔八ツ尾〕

【著者略歴】

税理士　**佐藤　善恵**（さとう　よしえ）

平成14年　　　　　税理士登録
平成18〜20年　　　同志社大学大学院総合政策科学研究科　非常勤講師
平成21〜22年　　　近畿税理士会調査研究部専門委員
平成22〜26年　　　大阪国税不服審判所　国税審判官
平成28年 5 月〜　大阪市行政不服審査会委員

京都大学MBA、米国公認会計士協会正会員
京都大学大学院法学研究科　博士後期課程単位取得満期退学

（著書）
実務に役立つ法人税の裁決事例選（清文社）
Q&A税務調査・税務判断に役立つ裁判審査請求読本（清文社）
税理士のための相続をめぐる民法と税法の理解（ぎょうせい・共著）　　他
　　http://www.yoshie-sato.com/

【執筆協力者略歴】

弁護士　**菊田　雅裕**（きくた　まさひろ）　横浜よつば法律税務事務所

平成13年　　　　東京大学法学部卒業
平成16年　　　　司法試験合格
平成18年　　　　弁護士登録
平成23〜25年　　福岡国税不服審判所　国税審判官
平成25〜26年　　東京国税不服審判所　国税審判官

本書の内容に関するご質問は、ファクシミリ等、文書で編集部宛にお願いいたします。（fax 03-6777-3483） なお、個別のご相談は受け付けておりません。 本書刊行後に追加・修正事項がある場合は、随時、当社のホームページにてお知らせいたします。	

〈第2版〉
判例裁決から見る加算税の実務

平成27年4月30日　初版第一刷発行	（著者承認検印省略）
平成30年8月5日　第2版第一刷発行	

Ⓒ　著　者　　佐　藤　善　恵

発行所　　税 務 研 究 会 出 版 局

週刊「税 務 通 信」発 行 所
　　「経 営 財 務」

代表者　　山　根　　　　毅

郵便番号100-0005
東京都千代田区丸の内 1-8-2 鉄鋼ビルディング
振替00160-3-76223
電話〔書　籍　編　集〕03（6777）3463
　　〔書　店　専　用〕03（6777）3466
　　〔書　籍　注　文〕03（6777）3450
　　〈お客さまサービスセンター〉

● 各事業所　電話番号一覧 ●

北海道 011（221）8348	中　部 052（261）0381	九　州 092（721）0644
東　北 022（222）3858	関　西 06（6943）2251	神奈川 045（263）2822
関　信 048（647）5544	中　国 082（243）3720	

〈税研ホームページ〉　https://www.zeiken.co.jp

乱丁・落丁の場合は，お取替え致します。　　印刷・製本　東日本印刷株式会社
ISBN 978-4-7931-2312-2